D0351949

DEUM PROVIDERE KEBEKA LIBERATA

Inscription au-dessus de l'autel
de l'église Notre-Dame-des-Victoires,
place Royale, Vieille Capitale, 1688

Du même auteur

Ruts, Éditions Estérel, 1966. Éditions de l'Aurore, 1974.

Or le cycle du sang dure donc, Éditions Estérel, 1967.
    Éditions de l'Aurore, 1975.

Le Manifeste de l'Infonie, Éditions du Jour, 1970.

Lapôkalipsô, Éditions du Jour, 1971.

Musiques du Kébèk, Éditions du Jour, 1971.

Raôul Duguay (ou: Le Poète à la voix d'ô), Éditions Univers
    (L'Aurore), 1979.

Chansons d'ô, Éditions de l'Hexagone, 1981.

À paraître chez le même éditeur

Le Rêveur réveillé

KÉBÈK
À LA PORTE

Données de catalogage avant publication (Canada)

Duguay, Raôul, 1939-
Kébèk à la porte : poèmes politiques, 1967-1993
    (Québec 10/10 Actuel)

    ISBN 2-7604-0448-X
1. Politique - Québec (Province) - Poésie. I. Titre.

PS8507.U432K42 1993   C841'.54   C93-097171-X
PS9507.U432K42 1993
PQ3919.2.D83K42 1993

Le tableau *L'Entre-mondes* reproduit en couverture est l'œuvre
d'Hélène-Françoise Côté.
Conception graphique et montage: Olivier Lasser

© Les éditions internationales Alain Stanké, 1993

LA COLLECTION *QUÉBEC 10/10 ACTUEL*
EST DIRIGÉE PAR VICTOR-LÉVY BEAULIEU

Tous droits de traduction et d'adaptation réservés; toute reproduction
d'un extrait quelconque de ce livre par quelque procédé que ce soit, et
notamment par photocopie ou microfilm, strictement interdite sans
l'autorisation écrite de l'éditeur.

ISBN 2-7604-0448-X

Dépôt légal: quatrième trimestre 1993

*Le Conseil des Arts du Canada a apporté son aide
à la publication de cet ouvrage.*

IMPRIMÉ AU QUÉBEC (CANADA)

Raôul Duguay

KÉBÈK
À LA PORTE

(Poèmes politiques: 1967-1993)

Préface de Victor-Lévy Beaulieu

Au-delà, le poète

F aire court, c'est parfois bien long, comme quelqu'un a déjà dit. Ça explique que je trottine à ma façon depuis quelques jours, insatisfait de si bien pacager dans les mots de l'autre mais sans pouvoir y ajouter les miens — je ne sais rien de la poésie sinon qu'elle m'est essentielle. Et lorsque j'aimerais dire pourquoi, il m'arrive d'écrire une phrase que je crois géniale. Mais il me suffit par la suite d'ouvrir un livre comme *Chansons d'ô* de Raôul Duguay pour me faire vite à l'idée que je suis loin d'être original puisque le poète a déjà tout écrit, ceci par exemple:

«Le poème est un cercle carré, un sablier, un micro-macrocosme. Le carré, c'est l'Univers sans frontière, l'expansion et la dérive de la réalité: la matière en mouvement au-dehors. Le cercle, c'est l'univers intérieur, la contraction et la dérive du rêve: l'esprit en mouvement en dedans. La prose regarde la réalité. La poésie voit au travers.»

Et ceci encore:

«C'est entre l'inspir et l'expir, dans la rétention du souffle, que naît le poème: entre ce monde et l'autre monde; entre la ligne et la ligne. Pour toucher la totalité de l'instant, il faut viser le centre. Le poème est le nombril du langage: le point. Il faut être dense comme l'atome, être intensément attentif à l'instant, tourner longtemps en dedans, bander les muscles de l'esprit pour exprimer le plus avec le moins.»

Bien que peu connaissant dans l'ordre du poétique, il me semble toutefois que ces mots de Raôul Duguay rejoignent ceux de Mallarmé qui, en expérimentant la sonorité profonde du langage, s'est mis comme de lui-même au-dessus de n'importe quel dire. Pour ce qui regarde Raôul Duguay, ça s'appelle, ainsi qu'il l'a écrit lui-même, cet «arc-en-ciel qui relie le Kébèk à l'Univers, le rêve à la réalité».

J'ai eu la chance de connaître Raôul Duguay dans les tout débuts de son établissement comme poète, à la fin des années 60. Nous avions le même éditeur, Michel Beaulieu, qui tenait, rue Saint-Denis, une petite librairie dans laquelle on retrouvait surtout les ouvrages publiés à Paris par Jean-Jacques Pauvert: tout Victor Hugo et tout Raymond Roussel, dont les *Impressions d'Afrique* et *Locus Solus* nous étaient un grand enchantement. À l'Estérel, nous formions un drôle de rassemblement: Nicole Brossard, Gilbert Langevin, Louis Geoffroy, Jean Basile, Raôul Duguay et moi-même! Bien évidemment, la poésie y était majoritaire. Quand je fis mon entrée dans la maison, Raôul Duguay y avait déjà publié *Ruts* (1966) et *Or le cycle du sang dure donc* (1967) qui m'enthousiasma quand Michel Beaulieu me le donna à lire. Enfin, de la poésie décapante parce que décapée, dans des mots aussi chauds que le sang du corps:

> l'aimé l'aimant bouches belles et
> bonnes bouches en or
> bite de son corps la
> baise de toutes parts voici la loi de la
> langue et de la lèvre (qui ne furent plus ici la
> parole mais le geste du feu dans les fibres)

Mais l'Estérel fit faillite en 1968 et la tribu s'épailla, moi devenant éditeur chez Jacques Hébert et Raôul Duguay entreprenant une étonnante carrière de chanteur. Il fallait le voir à la télévision lorsque, revêtu d'une peau de bête, un casque à clochettes recouvrant la masse noire de sa longue chevelure, il se mettait à turluter à la québécoise profonde, emporté par la frénésie:

> Mwé jviin dl'Abitibi
> mwé jviin dla Bittt à Tibi
> mwé jviin dun pêyi
> kié tun nâbre for
> mwé jviin dun pêyi
> ki pousss dans le Nor

Tout le monde sait que cette chanson est devenue le cri de ralliement du parti Rhinocéros, créature ironique de Jacques Ferron, éminence intemporelle de la Grande Corne. Mais moins de gens se rappellent toute l'importance que Raôul Duguay eut dans les années folles de l'Infonie, qu'il a fondée avec Walter Boudreau: j'y ai découvert une musique enfin véritablement québécoise, absolument démente parce que totalement sacrée. Évidemment, c'était à l'époque dorée des grandes fumeries et de toutes les défenses: aucun champignon magique ne pouvait résister à une telle joyeuseté dans la création. Raôul Duguay et moi, nous imaginâmes même écrire ensemble un livre qui comporterait 33 chapitres de 3 333 mots chacun! Heureusement sans doute, la création nous porta tous les deux ailleurs et, de ce projet d'écriture, il ne resta (en ce qui me concerne) que les 33 chapitres de mon roman *Don Quichotte de la Démanche*. Pour sa part, Raôul Duguay se contenta de publier, avec moi comme éditeur chez Jacques Hébert, son *Manifeste de l'Infonie* (1970), *Lapôkalipsô* (1971) et *Musiques du Kébèk* (1971). C'était, je le répète, à une époque où l'on savait encore faire un événement avec le lancement d'un livre. Pour celui de *Lapôkalipsô*, Jacques Hébert loua le *Théâtre Gesù*, y fit venir une trentaine de dactylographes qui, tout un après-midi, répétèrent avec Raôul Duguay transformé en chef d'orchestre. Le soir, nous eûmes droit à ce *Concerto pour 33 machines à écrire*, qui restera à jamais le lancement de livre le plus fantastique auquel j'assistai.

Et puis, encore une fois, la vie mit la hache, aussi bien dans le commerce que dans l'amitié. Je me mis à ne plus faire rien d'autre qu'écrire et Raôul Duguay se lança dans le corps éperdu du spectacle. Il nous en reste ces *Chansons d'ô* (1981), cet *amour* s'en allant *au désert* afin d'y *moudre sa peine*, celle du poète sans doute empêché en lui-même parce que devant gagner le pain quotidien — cette dureté de la vie quand on est artiste et dans un pays n'osant même pas se mettre à la véritable enseigne de lui-même. Alors, la poésie souffre, elle vous reste prise dans la gorge et il n'y aurait bientôt plus que de l'oubli si le courage de dire ne rameutait pas l'exigence de la parole. C'est la grande leçon de choses que Raôul Duguay nous donne dans *Kébèk à la porte* après ce qu'on peut considérer comme un long silence. Mais le silence n'est en poésie qu'un trompe-mémoire, surtout dans une société aussi peu souveneuse que la nôtre. Comme d'un puits, les mots ne cessent jamais de couler, dans leur souveraineté :

> Parfois c'est plus facile de se la fermer
> Certains disent que tout a été dit
> Certains pensent que parler c'est rien faire
> Moi je vous dis que la parole est mon acte

Pour le reste, je ne doute pas que la lecture de *Kébèk à la porte* vous en apprendra bien davantage sur Raôul Duguay, sur le pays-pas-encore-pays et sur la sonorité mallarméenne du poète que je ne saurais le faire moi-même.

Victor-Lévy Beaulieu
Trois-Pistoles, 22 août 1993

À la souveraineté du Kébèk

Entre deux portes

De quelle porte s'agit-il? D'une porte d'entrée ou d'une porte de sortie? Il semble bien que, depuis trois siècles, le Kébèk ait supporté de demeurer dans le vestibule, entre les deux portes de sa réalité politique, incapable encore de porter la responsabilité de son choix en ce qui concerne sa sortie du Canada ou son entrée dans le Kébèk, par la grande porte. Au seuil du troisième millénaire, le Kébèk sera-t-il l'âne de la fable, mort de soif, entre deux puits? Quant à moi, je le dis comme je le sens, comme je le sais, comme je le veux et comme je le peux. Entre l'émotion qui a fait battre le cœur du Kébèk pour son indépendance et pour sa souveraineté dans les années 70, et la raison que l'on cherche aujourd'hui pour la faire, il faut choisir les deux. Le Kébèk ne se fera pas sans l'intensité émotionnelle qu'il faut pour emporter son énergie et ne se fera pas non plus sans une rationalisation qui fera la gestion de cette énergie politique. Il faudra penser avec son cœur et sentir avec sa tête quand nous fermerons la porte du passé et quand nous ouvrirons les portes de l'avenir.
Au seuil du troisième millénaire, on constate chaque jour, sur les écrans de la télévision devenus de véritables stroboscopes, combien le virage technologique a produit une culture de l'explosion et de l'éjaculation précoce... La société est un immense casse-tête dont on a égaré l'image intégrale. Le projet de société doit être reconstitué par le génie créateur du Peuple. La démocratie ne peut se bien porter que si la politique ouvre toutes grandes ses portes à la consultation référendaire. Mais il faut des femmes et des hommes politiques assez courageux et assez subtils pour savoir qu'après avoir frappé trois siècles à une porte close il faut faire du porte-à-porte, aller frapper à l'autre porte, celle de sa propre maison, pour voir le portrait d'un peuple qui se reconnaît et qui, à bras ouverts, accueille sa liberté. Alors seulement, nous sentirons que le Kébèk nous porte, comme nous le portons.

Raôul Duguay

Remerciements à Jacques Lacoursière,
historien, pour ses conseils
et la trajectoire historique
qu'il a brossée à mon intention et dont j'ai pu bénéficier au
cours de l'écriture de LA PORTE JAUNE, LA PORTE ROUGE,
LA PORTE BLANCHE et À LA PORTE DU KÉBÈK.

À la porte de l'Amérique

Lorsqu'il cassa l'œuf de la Terre
il ne garda que le blanc du mot
et lui fit danser une meringue
Frappé par la fièvre de l'or
en touchant la poignée de la porte de l'Amérique
et frustré de ne la point voir s'ouvrir
sur l'éclat de son désir
il fut cette fois frappé de jaunisse aiguë
cette maladie des siècles qui donne au rire du conquérant
la couleur jaune de sa soif

La porte jaune

Lorsqu'il ouvrit la porte du Grand Nord
or et diamant brillaient en chaque flocon de neige
et en transparence dans chaque bloc de glace
Bien que sa race fût parfois en péril
ce péril n'était pas assez jaune
pour assombrir l'éclat de son rire
Mais lorsqu'il ferma la porte de glace
au Blanc qui voulait sa peau ses peaux
sa race fut frappée d'un péril jaune

L'INUK INOUÏ

Assis dans la nuit sidérale
sur le crâne chauve du monde
je vois les étoiles à la ronde
pulser leurs pensées de cristal

Les pieds dans le blanc boréal
là où le jour est en retard
là où l'aurore est aussi rare
que la moitié du temps total
j'attends l'autre moitié du temps
La patience est ici un art
Et je marche à l'envers des vents
sur la glace de mon regard

Je me glisse dans la rafale
dans la toundra du pôle Nord
Je suis le souffle de l'espace
et mon sourire vaut de l'or

Dès que le morse fait surface
Ma vie vaut la mort de l'animal

LES SOUFFLES

é-ya ha-ya
a-ya ya-a
é-ya ha-ya
a-ya ya-a

Les femmes chantent dans leurs bouches
soufflent leurs souffles et s'essoufflent
s'avalent l'âme et se bouffent
s'enflamment et se touchent
et soudain en cascades s'éclatent
se dilatent la rate
d'un rire dont elles s'enivrent
et qui ouvre la soif de vivre

é-ya ha-ya
a-ya ya-a
é-ya ha-ya
a-ya ya-a

LE BLANC ROYAUME

Il y a plus de 6 000 ans
défiant l'étendue et le temps
vêtu du plus vieux des parkas
je suis parti de Kamtchatka
presqu'île de l'Asie
tout près du Bassin de l'Amour
à la conquête de ma vie

Pourchassant la baleine et l'ours
je sautais sur les glaciers blancs
du détroit de Béring piquant
la pointe en ardoise polie
de mon harpon
au plus profond
de la chair de la bête bénie

À la dérive des glaces
à la dérive de ma race
et à celle des continents
il y a plus de 6 000 ans
là où le temps est vague et l'espace absolu
où l'horizon sans cesse invente l'inconnu
j'ai découvert le blanc royaume
désert que le silence embaume
là où le temps s'arrête et l'espace continue
quand chiens et hommes de fatigue sont mordus

LE DÉSERT BLANC

J'ai découvert le blanc royaume
qui fait monter au cœur un psaume
Là où la Grande Ourse et même la Voie lactée
ont leurs jumelles éblouissantes de beauté
la grande ourse dandine une majesté
dont je veux me vêtir et dont je veux la peau
la chair le sang et l'esprit pour me réchauffer
dans cette course où elle entraîne mes traîneaux

é-ya ha-ya a-ya ya-a
a-wa ya-ya-i

À la découverte de ce royaume blanc
comme un rêve éveillé faisant tourner mon sang
entendu chanter le cœur de la Voie lactée
dans mon regard où se levait l'éternité
dans chaque flocon de neige miroir du soleil
et mille fois vu la première des merveilles
les premiers amants que sont le Ciel et la Terre
sans cesse s'enlacer sous l'étoile Polaire

Avec la clé de mon courage pacifique
enfin j'ai ouvert la porte de l'Amérique
où je découvrirai plus tard et pour longtemps
le plus grand de tous les déserts blancs: l'homme blanc

é-ya ha-ya a-ya ya-a
a-wa ya-ya-i

LA MONGOLIE

J'arrive de la Mongolie
Le froid sec de la Sibérie
brûle ma peau d'or et de cuir
tannée par la bise à pâtir

La tête ronde telle la Terre
avec des quartiers de Lune aux yeux
mon regard est rempli du feu
volé au Soleil et à l'éclair

N'ai pas la tête d'eau d'un mongol
où baigne l'esprit dans le formol
mais un esprit qui plane sur les glaces
et sans cesse contre vents se déplace

Ici sur la calotte de la Terre
au cœur de ma prière vespérale
j'écoute ému la musique des sphères
qui suinte des aurores boréales

Car encodé dans mon cerveau
et au plus profond de ma peau
brille le plan du monde astral
Et ma pensée est un cristal

Je souffle sur l'étoile filante
et quand j'en parle je la chante

é-ya ha-ya a-ya ya-a
a-wa ya-ya
a-a ya-a ya-a ya-a
a-wa ya-ya-i

LE GRAND NORD

Ici dans le Grand Nord
qui commence où finissent
les arbres et les castors
je n'ai d'autre nourrice
en plein cœur de l'hiver
que l'animal de mer

Apprivoisé le morse
pour qu'il me lègue la force
qui nage dans son sang

L'ivoire de ses dents
est au bout du harpon
piqué à son chignon

Ma femme tanne sa peau
la coud sur le traîneau
qui le glisse vers l'iglou

Avec toute ma bande
je partage sa viande

On le mange à genoux

Ainsi sa mort est mariée à ma vie
et ma vie est l'écho de sa survie

é-ya ha-ya a-ya ya-a
a-wa ya-ya
a-a ya-a ya-a ya-a
a-wa ya-ya-i

L'ESQUIMAU

Ceux qui furent appelés Indiens
par ceux qui se croyaient aux Indes
m'ont donné le nom d'Esquimau
car je ne mange qu'animaux
Comme mes chiens dans mon désert
je gruge la chair crue jusqu'aux os
À force de mordre le froid
et de ronger l'os dans le sombre
je bois la sueur de mon ombre
Le frimas encercle ma voix

Tu m'as baptisé Esquimau
comme le chocolat glacé
que sucent tes enfants à l'été
Mon nom est un glaçon sans eau

Dans mon paradis de glaciers
N'ai jamais croqué le blé d'Inde
jamais rongé l'épi doré
jamais cueilli la pomme d'or
celle où ton seul dieu dort encore
Mais en chaque flocon de neige
où mon regard se prend au piège
d'un manège de mille soleils
s'éveille mon jardin de merveilles
Car au cœur de ce paradis
chacun de mes rêves fleurit
Mon nom est fondu à la nuit
Je suis l'Inuk inouï

J'écoute le vent qui m'enchante
et je crie autant que je chante

é-ya ha-ya a-ya ya-a
a-wa-i ya-ya

LE YUPIK

Je chante le yupik
à l'océan Arctique
sur mon kayak cousu
de peaux de phoques barbus

Et je parle inupik
chaque fois que je pique
ma lance dans le cou
du phoque dont ma femme
coupe la peau qu'elle coud
avec l'os de baleine
pour parsemer son âme
alentour de la tente
et sentir son haleine
dans la lampe très lente
où l'huile de son lard
évapore mon cauchemar

Quand le temps gèle et que l'espace tremble
c'est pour prier l'esprit de l'animal
de protéger nos vies dans la rafale
que souvent tout mon peuple se rassemble

é-ya- ha-ya a-ya ya-a
a-wa-i ya-ya
a-a ya-a ya-a ya-a
a-wa-i ya-ya

LE KASHIM

Et parfois le magicien de l'assemblée
l'angekok nous convoque au kashim sacré
Dans cette maison commune nous fêtons
la réincarnation de nos parents morts
Nous baptisons nos enfants de leurs surnoms
Et cette cérémonie scelle un accord
entre la mort et la vie
entre hier et aujourd'hui

Le corps de nos ancêtres est disparu
Leur esprit est toujours le bienvenu
et il chante au cœur du sang de nos enfants
l'éternel refrain que tout est à jamais vivant

e-ya- ha-ya a-ya ya-a
a-wa-i ya-ya
a-a ya-a ya-a ya-a
a-wa-i ya-ya

L'ANGEKOK

Et parfois le vieil angekok nous appelle
d'une voix qui sourd du creux de sa moelle
pour discuter du prix de notre génie
sculpté au couteau de quartz et de silex
dans la pierre où l'on grave notre réflexe
celui de mettre en images notre vie
dans l'ivoire de la baleine
buriné par notre méditation sereine
et dans l'os de caribou
sur lequel on le dessine encore debout
et même sur les peaux de phoques et de loups de mer
où l'on peint la paix sur la face du vainqueur
dont le regard est une source de lumière
et dont le sourire émane du fond du cœur

Et parfois notre chef notre angekok nous rappelle
que le statut de notre peuple le plus réel
n'est pas transcrit dans chaque coup de couteau
de chaque statue ou de chaque bibelot
que le Blanc nous achète pour apprendre à rêver
car la mémoire du Blanc est souvent blanche et brève
C'est la réalité qui a sculpté notre rêve
Et nous sculptons notre réalité
en même temps que notre liberté

Nos voix s'envolent dans l'infini
et l'infini enchante nos vies

é-ya ha-ya a-ya ya-a
a-wa ya-ya
a-a ya-a ya-a
a-wa-i ya-ya
hi-hi-hi-hi-hi

LE PÈRE NOËL

Mais tout ça c'est avant le Kébékois pure laine
avant que le mouton ne prenne ce nom de peine
avant que le père Noël
ne domestique le renne
qui traîne ses étrennes
et ne lave sa barbe à l'eau de Javel
avant de se glisser dans la cheminée
comme un bœuf dans un boa trop affamé
en chantant les rengaines du missel
avant d'étaler ses belles bebelles
devant les yeux des enfants médusés
par tant de rêves si bien enveloppés

Mais tout ça c'est avant le père Noël
descendu tout rond et tout droit du ciel
et dont le rire bedonnant
son seul discours éblouissant
frappera de son écho dissonant
tous les beaux discours des gouvernements
qui ont tant donné de cadeaux
à ces incultes Esquimaux
qu'aujourd'hui les enfants des Inuit
lui retournent le cadeau de sa commandite
ou bien vont l'échanger au dépanneur
contre une grosse caisse de malheur

LA BABEL DES BLANCS

Mais tout ça c'est avant
que la Babel des Blancs
ne s'érige devant l'iglou avec ses maux

Mais tout ça c'est avant
qu'un fauve peuple-enfant
n'érige son règne cru sur les Esquimaux

Mais tout ça c'est avant le Kébékois pure laine
avant que le mouton ne prenne ce nom de peine
avant même que le Blanc ne hurle sa haine du loup
et n'apprenne à câler l'orignal et le caribou
avant qu'il ne croie que patte de lièvre porte chance
quand elle est bien enchaînée à son porte-clés doré

Tout ça c'est avant que le Blanc ne parte en vacances
et ne dérobe l'argent du renard argenté
pour que sa femme l'enroule autour de son cou
et se pâme de parader un tel bijou

Tout ça c'est avant le Kébékois folklorique
avant qu'il ne bande la queue du renard roux
au bout de l'antenne de son char allégorique
pettant ses bretelles avec un regard de hibou

LE CRACHOIR

Hey le Blanc n'as-tu pas entendu
le kyrie déchirant des tribus
de bébés phoques assommés
à coups de bâton de base-ball
par les tiens les civilisés
frappant leurs têtes comme autant de balles
et faisant du Labrador au pôle Nord
le circuit meurtrier de leur sport

Hey le Blanc te souviens-tu
d'avoir vu et d'avoir revu
à l'écran géant de ton téléviseur
les seins nus de Brigitte Bardot
allaitant un phoque encore puceau
pour percer le roc de ton cœur

Hey le Blanc n'as-tu pas entendu
vêtu d'orgueil dans ton habit à queue
la plainte des pingouins
asphyxiés et oints
de tes marées d'or noir

Hey le Blanc n'as-tu pas fait de la mer
cet immense berceau de ta propre matière
le plus grand et le plus sale de tes crachoirs

LA CIVILISATION

Ô homme blanc le civilisé
Tu as fixé à mon kayak les cent chevaux
du moteur de ta force polluée
pour profaner la pureté de mes eaux
salir la baignoire des cétacés
souiller la source de toute beauté

Ô homme blanc le civilisé
Tu as troqué mes mukluks en peau de caribou
contre tes bottes noires en caoutchouc
Tu as triché en troquant la clameur exaltée
de mes vols d'outardes et d'oiseaux migrateurs
contre les défonce-oreilles de tes ghetto-blasteurs

Hey le Blanc homme civilisé
Toi qui m'as si bien dénaturé
Merci pour tous tes beaux cadeaux
ta motoneige qui met mes chiens au chômage
au rancart la course folle de mes traîneaux
aux oubliettes le sens inné de mon courage

Hey le Blanc homme de culture
Toi qui as tant violé ma nature
Merci pour ton électricité
qui éteint mes aurores boréales
aveugle mon horizon sidéral
et rend myopes mes idées
électrocutant les plus fins circuits
de mon intuition et de ma télépathie

L'HORIZON

J'ai mangé tes fèves au lard
avec ton thé et tes biscuits soda

J'ai dévoré tes gâteaux fourrés de crémage
en échange de ma femme dans ton sac de couchage

J'ai bu tes fleuves de bière cannée
avec tes pommes frites dans l'huile mazola

J'ai fumé la folie de ton herbe chimérique
J'ai sniffé tes lignes de conduite maléfique

Et tu m'as fourré sur toute la ligne
plantant tes hautes tours sur ma ligne d'horizon

Car tous ces maux que je souligne
étaient pourtant pour toi des cadeaux

Mais ce qui serait pour moi le vrai cadeau
c'est ta disparition
devant la ligne de mon horizon
c'est ton évaporation
derrière la ligne de mon horizon

LE CONGÉLATEUR

Hey le Blanc homme civilisé
Toi qui as tout cultivé
Merci pour ton savon aseptique
qui astique la graisse de mon cerveau
et fait muer la couleur de ma peau
Merci pour ton éducation si logique
qui rend mes neurones plus élastiques
Merci pour ta grande démocratie
fondée sur la hiérarchie
qui encense les plus grands
avec les cendres des plus petits

Hey le Blanc sais-tu ce que veut dire «Inuit»
Traduit dans ta langue mon nom veut dire «homme»
Et même si je suis celui dont tu profites
Tu ne peux effacer de mes rêves l'Inuk autonome

Toi qui as mis au congélateur
la crème glacée de ma mémoire
en y gardant bien au froid ton cœur
dans tes beaux grands livres d'histoire
tu me comptes dans la marge des erreurs
tu me lis entre les lignes de ta gloire
et c'est en blanc que mon nom est écrit

L'ICEBERG

Or mes plus grands mystères
n'ont pas été transcrits
dans tes grands livres noirs
car c'est toujours à ciel ouvert
que je lis le livre de ma vie

Chaque jour et chaque nuit
écrivent en mon âme un livre de sagesse
dont les lettres de noblesse
une à une et en chaque mot
à jamais vierges dans mon cerveau
sont faites de glace et d'eau
car mon histoire est en transparence
en chacun et au plus profond de mes silences

Et comme l'iceberg émerge d'une mer infinie
me taire est mon plus grand cri

é-ya ha-ya ya-a
a-wa ya-ya
a-a ya-a ya-a
a-wa-i ya-ya-i

La porte rouge

Arrachée à l'asphyxie de l'enfer au fin fond de la toundra
rougie à blanc à faire naître une ville de fer
à travers troupeaux de caribous et volées d'outardes
l'autochtone tente encore de porter sa race sur ses épaules
Sa jeunesse cherche maintenant quelque chose à faire
une corde pour sortir du trou d'une mine abandonnée
une poignée de main pour ouvrir la porte du bien-être
non pas le BS de la condescendance et du mépris mais
une voix dont la portée peut remplir le vide du mal-être
un regard qui ne rougit pas de reconnaître la différence
une oreille attentive à un autre son de cloche que celui
d'une psychothérapie collective où tinte le génocide
un nez assez fin pour sentir l'essence naturelle de son âme
un cœur aussi grand ouvert que la porte de l'aurore

NOUVEAU MONDE

La Terre est à Toulmond
Toulmond a le sang rouge
Ce qu'on nomme Nouveau Monde
est patrie des Peaux-Rouges

Vieux de 40 000 ans
le premier j'ai émigré
sur ce vierge continent
avec mon chien affamé
Je suis celui qui marche
du levant au couchant
sur le sentier des âges
Je suis le patriarche
du fleuve Saint-Laurent
ce grand chemin qui nage
de l'Atlantique aux Grands Lacs
où se trouve le grand cul-de-sac
d'une Amérique qui fabrique l'illusoire
et où se ferme la porte du Kékèk
dont l'histoire d'échec en échec
cherche encore le passage vers la victoire
qui lui permettrait d'écrire en lettres capitales
(pour qu'à jamais à sa souvenance il s'abreuve)
ce nom que j'ai donné au passage du fleuve
en ce lieu qu'il appellera la capitale
de sa province plutôt que celle d'un pays
dont je suis la porte la clé et l'oubli
Car le premier j'ai nommé chacun des territoires
que le Blanc sur une carte a dessinés
en même temps qu'il en faisait sa propriété
Mais la carte de sa mémoire n'est pas mon territoire

Croyant m'avoir volé la clé d'un pays sans frontière
à la porte de sa liberté il est resté pleurant sa misère
Il fredonnait un refrain: JE ME SOUVIENS

AMÉRINDIEN

Je suis l'Indien d'Amérique l'Amérindien
Comme je n'ai pas laissé de documents écrits
le Blanc ne se souvient de rien
car comme il le dit si bien
dans sa langue qui ment
si l'histoire commence avec l'écrit
et que l'écrit commence avec le Blanc
l'histoire commence avec le Blanc
(et sans doute finira-t-elle avec lui)

Mais l'histoire de mon peuple commence
par l'écho de ma parole en sa magnificence
dans le cœur et dans la bouche de mes enfants
Et la vérité de mes paroles me vient autant
de la femme qui m'a mis au monde
que de celle qui enfante ma nation
et dont j'incarne la très pure vision
La vérité me vient aussi de la Terre féconde
et de ma constante écoute des voix sacrées du Ciel
qui me dictent dans mes rêves la voie essentielle
celle qui me mène sur le sentier de la sagesse
où j'apprends que la simplicité est la vraie noblesse
La vérité me vient encore de tous les animaux
ceux qui rampent et ceux qui marchent sur le sol
ceux qui nagent au plus profond des eaux
et ceux qui font valser le ciel dans leur envol
La vérité me vient toujours de la ronde des saisons
Car l'essence de mon existence et de ma culture
c'est mon respect de tout ce qui respire sans exception
Ma culture est une action de grâces à la Nature

Et quand je pense à la disgrâce
dans laquelle tu as jeté ma nation
je prie pour retrouver l'état de grâce
où je suis soleil d'amour et compassion

SOLEIL

Ô fils de l'infini
et source de la vie

Soleil

Ô fleur de la Voie lactée ouvre-toi
Déplie tous les pétales de ta joie
Étends ton royaume de clarté
dans les regards du monde entier

Rends nos corps semblables au tien
et dans la rosée diaphane du matin
laisse-nous enfanter le monde en abondance
sous la tendresse de ton regard en transe

Rends nos cœurs pareils au tien
qui fait battre le cœur de la Terre
et laisse-nous boire à ta lumière
chaque fois que l'amour nous étreint

Tourne tourne tourne ô Soleil
en chaque cellule de nos corps
Toi qui chaque jour nous émerveilles
rayonne l'amour qui éloigne la mort

De l'aube au couchant
sème à tout venant
ta manne de bonheur
qui nourrit le cœur
Et de l'aurore au clair de lune
illumine le sang
des êtres vivants
pour que l'humanité soit une

ACTION DE GRÂCES

Ô Wakan-Tanka Grand Esprit
Ô Wakan-Tanka Seigneur de la vie
J'envoie une voix aux Cieux de la Terre
J'envoie une voix pour que mon peuple vive
uni heureux et en paix sur la Terre

Tunkashila Grand-père de la vie éternelle dans le Ciel
Unchi Grand-mère du mystère de la Terre
Ate Père des quadrupèdes et des êtres ailés sous le Soleil
Ina Mère immortelle de la Terre des ancêtres
Ô Wakan-Tanka Source vive où s'abreuvent tous les êtres
J'envoie une voix aux Cieux de la Terre
J'envoie une voix pour que mon peuple vive
Ô Wakan-Tanka Unshimala ye oyate wani wachin cha
«Sois-moi miséricordieux afin que mon peuple vive»

Comme le pouvoir de l'Univers agit selon le cercle
que la pensée de mon peuple monte dans cette fumée ronde
ronde comme les étoiles et le Soleil tournant dans le ciel
et comme la Lune tournant autour de la Terre
ma prière tourne dans mon cœur et monte jusqu'à toi

Dans le tourbillon des Quatre Vents que tu souffles
j'ai tracé le cercle magique du silence autour de mes mots
afin que tu bénisses le cercle de tipis où grandit mon peuple
comme tu bénis le nid de l'oiseau et la ronde des saisons

Ô Wakan-Tanka Seigneur de la vie et de toute floraison
«Je suis le premier et le dernier de ma nation»

Que la fumée de cette pipe sacrée rende grâce à la vie
en élevant nos âmes jusqu'à toi ô Grand Esprit!
«Sois-moi miséricordieux afin que mon peuple vive»
Ô Wakan-Tanka Unshimala ye oyate wani wachin cha

QUATRE VENTS

Ô Wakinyan-Tanka Gardien de l'Ouest
Ô Wakinyan-Tanka Oiseau-tonnerre

Laisse tomber des nuages noirs la pluie de grâces
Laisse monter les parfums qui embaument l'espace
Et du rocher laisse couler la source vive
où s'abreuve notre soif de vivre

Ô Wambali-Galeshka Gardien du Nord
Ô Wambali-Galeshka Aigle tacheté

Quand tombe l'hiver en chaque flocon de neige
Ton grand vent blanc nous purifie
Dans notre sang souffle ton souffle de vie
Souffle ta force et à jamais nous protège

Ô Huntka Gardien de l'Est Ô Huntka Oiseau-étoile

Toi que nous mangeons du regard à chaque matin
Toi notre vin de lumière notre pain quotidien
Laisse s'élever en chacune des pensées de notre jeunesse
l'aurore étincelante de ton infinie sagesse

Ô Cygne blanc Gardien du Sud
Ô Cygne blanc Soleil d'amour

Laisse pousser tout le maïs de ta bonté
Laisse tourner autour de la Terre ta clarté
Laisse briller dans nos cœurs à chaque jour
la tendresse et la beauté de ta lumière d'amour
Ouvre notre œil du cœur
Fais-nous marcher sur le sentier sacré

Pour que nous fassions le bon choix
celui qui respecte nos traditions et nos lois

CHOC

Je suis le grand perdant
de ce choc de civilisations
provoqué par le débarquement du Blanc
en terre amérindienne
qu'il a déclarée sienne
Et devant cette invasion
se sont levées les grandes questions

Ou bien je m'accepte tel que je suis
et continue de chausser encore mes mocassins
pour marcher vers un avenir magique
Mais ce faisant il faut que s'unissent tous les miens
et que le rêve de notre peuple soit identique

Ou bien j'accepte le Blanc et son mode de vie
qui n'est d'ailleurs supérieur au mien
que par le maléfique de ses techniques
Mais ce faisant je serais moins fidèle que mon chien
à l'inconnu créateur dont est tissé le destin

Ou bien je rejette le Blanc
et l'empêche d'établir son camp
de me franciser et de me convertir
de me voler ma place et mon avenir
Mais ce faisant il y aura certainement
un Rouge ou un Blanc pour me trahir

Ou bien je tolère le Blanc sur mes terres
et enterre à jamais ma hache de guerre
pour que mon peuple survive de peine et de misère
Mais ce faisant je devrai cacher ma face
pour vivre sur Terre parmi les autres races

Ou bien je pars sans laisser de trace
Mais où trouverai-je sur Terre un seul territoire
où le Blanc n'aura pas encore profané l'histoire

VISAGE PÂLE

Visage pâle

Toi dont la face ne brille
que si ton œil voit briller l'or
et qui cherchais un passage
vers la Chine ou vers l'Orient

Visage pâle

Toi dont les mots sont trop subtils
Tu mens même quand tu dors
Tu rêves que les nuages
vont pleuvoir de l'argent

Visage pâle Jacques Cartier

Tu as planté une croix
au nom de ton grand roi
sur ma terre à Gaspé

Tu as pris possession
et sans ma permission
des cabanes en amas
que j'ai nommées «Canada»

DONNACONA

Oui c'est moi le Micmac sauvage
qui ouvre les bras à ton équipage
en entonnant le chant de joie
«Ami ton semblable t'aimera»

Je n'ai pas de barbe au visage
Je ne mange que du riz sauvage
Et ma bouche est une cheminée
d'où s'envole une douce fumée

Je t'ai donné mes fourrures
et même celles qui couvrent mes os
contre tes vieilles armures
tes couteaux et ton chapeau

Oui c'est moi Donnacona
qui t'ai laissé en otages
mes deux fils en jeune âge
Taignoagny et Domagaya

Tu les as emmenés en guise de trophées
à ton maître François Ier

et en guise de bijoux
tu as mis à leur cou
une chaîne de laiton
avec du rouge sur chaque maillon

RÉSERVE

Visage pâle

Dans tes beaux films en couleurs
tu te fais un grand honneur
de protéger l'Indien sur sa réserve
mais tu me repousses vers le désert
où je crève en même temps que mes rêves

Visage pâle

Tu m'as volé toutes mes terres
et tu m'as mis en conserve
Comme l'animal dans un parc tu m'observes
Es-tu surpris que je rougisse de colère

Visage pâle

Caché derrière ton regard sombre
tu as cherché à prendre ma place
Tu as chassé jusqu'à mon ombre
mais tu n'as jamais senti mes traces
car le vent noir qui les efface
travaille pour toute ma race

Visage pâle

Quand tu m'as pris dans ton piège
tu m'as cloué au rocher
tout nu sous le soleil pour me faire parler
J'ai préféré mourir à petits feux comme la neige

SQUAW

Visage pâle

Tu m'as traitée de bête sauvage
Tu m'as jetée dans une cage
Tu m'as traitée de vieille Indienne
et de mangeuse de chienne
Tu m'as traitée de squaw et de vulgaire putain
Tu m'as sauté dessus comme une bête qui a faim

Visage pâle

Tu m'as violée dans un sous-bois
en plein milieu du pow-wow
comme tu as violé les traités
que tu nous a forcés à signer
en brandissant ton drapeau blanc
que tu rougissais de notre sang

LANGUE FOURCHUE

Visage pâle
Ta langue est fourchue
car tes pensées sont crochues
T'en rappelles-tu au mois de mai
à la pleine lune on a fumé
le dernier calumet de paix
pendant que ton armée était
cachée derrière une colline
avec fusils et machines

Pendant que je faisais des signes
aux miens avec de la fumée
tu plantais des poteaux en ligne
et les reliais de fils à parler

Visage pâle
Tu m'as donné une belle grosse bible
pour me faire oublier mon sens du sacré
Et tu as si longtemps tenté de m'évangéliser
pour que je devienne une meilleure cible

Visage pâle
Tu m'as vendu des carabines
contre mes peaux de wapitis
Tu m'as paqueté au gros whisky
pour voler l'or sur ma poitrine
Tu as fait des maudites combines
pour mettre mon peuple en famine

Visage pâle
Tu as foudroyé mes rochers
cherchant l'or de ta vanité
Toutes mes rivières sont polluées
par les cannes de bines que tu y as jetées

PEAU ROUGE

La Terre est à Toulmond
Toulmond a le sang rouge
Et pourtant

Dans ma peau rouge d'Amérique
j'ai mal d'avoir un peu trop bu
ton eau de feu électrique
qui m'a lentement vaincu

Tu m'as donné de beaux cadeaux
juste pour avoir ma peau
Tu m'as percé mon canot
et tu es reparti sur les grandes eaux
avec ma peau sur ton dos
avec ma peau sur ta peau

J'ai la peau rouge de mon sang
du sang de mes sœurs et de mes frères
Je n'ai même pas eu le temps
de faire mon ultime prière
d'envoyer ma voix au Grand Manitou
qui chante en chacun de nous et nous noue
Je n'ai même pas eu le temps
de parler au Wakan-Tanka des Quatre Vents

PEAU BLANCHE

La Terre est à Toulmond
Toulmond a le sang rouge
Et pourtant

Dans ma peau rouge et pacifique
j'ai mal d'avoir été vendu
pour quelques fourrures historiques
dont ta peau blanche est revêtue

Tu as couru les bois et les jupons de mes femmes
qui ont accouché l'infamie en métissant mon âme
Tu as planté devant mes totems une croix
pour assombrir la ferveur de ma foi

Entre deux cyprès tu as tanné ma peau
Tu as fourré la poudre de mes os
dans la gueule d'un long tuyau de fer
et puis tu as tiré l'éclair et le tonnerre
sur le wigwam enchanté de mes amours
et tu as fait rougir mes rivières
du sang de mes sœurs et de mes frères
Dans ta mémoire blanche et pour toujours
est tatouée la tache rouge de ma race
qui réapparaît parfois sur ta pâle face

J'ai la peau rouge de mon sang
du sang de mes sœurs et de mes frères
Je n'ai même pas eu le temps
de faire ma dernière prière
de laisser s'élever ma voix vers le Grand Manitou
qui chante en chacun de nous et nous noue

Je n'ai même pas eu le temps
d'en parler au Wakan-Tanka des Quatre Vents

TESTAMENT

Les Quatre Vents asphyxieront l'azur de ton futur
Verrouillé dans ta ville impure
ton rêve se cognera contre tes quatre murs
Et tu ne pourras respirer la saveur
des fruits et des fleurs
que dans tes pots de confitures

Et tous les ciels de la Terre
voleront leurs oiseaux à l'envers
Toutes les eaux qui abreuvent la Terre
nageront leurs poissons à l'envers

Et si je meurs

Que les oiseaux se partagent ma peau
et les branches des arbres mes os

Que les astres se partagent mes yeux
et tous mes rêves de merveilleux

Que les ruisseaux se partagent mon sang
et les sentiers chacun de mes pas vers le Blanc

Et dans la lumière de l'amour
que je lègue aux humains pour toujours
que la Terre tout entière se partage mon cri

La porte blanche

Dommage que les portes de l'histoire
ne se puissent ouvrir
avec la même clé de voûte

BRENDAN

Bien avant les Vikings ces barbares Normands
avant Amerigo Cabot et Magellan
et avant Verrazano Colomb et Cartier
il y a plus de 1 500 ans
nous nous sommes naïvement embarqués
jeunes et moins jeunes moines et moi
dans de vieilles pirogues de bois
et d'osier couvertes de cuirs cousus
à la conquête de l'inconnu
Sans connaître les lois d'une mer exaltée
et n'ayant même pas appris à nager
de l'Irlande du Nord nous sommes partis
à la recherche d'une île où vivre en harmonie
avec la nature pour apprivoiser la solitude
Grâce à cet exil volontaire et religieux
nous voulions vivre ici-bas la béatitude
en communiant à l'amour infini de Dieu

Après avoir traversé l'océan Atlantique
et applaudi aux merveilles du golfe Saint-Laurent
nous avons vu dans nos moments les plus tragiques
sortir des enfers marins des monstres géants
des ouragans vivants gros comme des montagnes
et comme la lave éjaculée des volcans
giclaient de leurs têtes fontaines de champagne
Mais nos prières nos chants et notre pur amour
ont charmé ces poissons géants qui tour à tour
s'approchaient de nous semblant nous siffler bonjour
Sur le dos du plus gros et dans l'allégresse
nous avons chanté la plus sainte de nos messes

Nous avons dressé notre camp au cap Breton
et fêté avec les Indiens de ce canton
Nous nous sommes aimés comme des frères
en communiant à la même lumière

ÉRIK

Je suis le premier des Vikings Érik le Rouge
À ma vue ou à ma voix personne ne bouge

J'étais aussi un Normand
il y a plus de 1 000 ans
quand je suis venu en drakkar
à travers un épais brouillard
manger du saumon près de Terre-Neuve
Mais n'ai pas navigué le grand fleuve

Je n'ai jamais eu peur de la mer
car je n'ai jamais eu peur de rien
Après avoir tué mon propre frère
on m'a exilé pour mon propre bien
Mais dans mon exil j'ai découvert
le Groenland l'île de glace
d'où je suis parti au cœur de ma disgrâce
et malgré mes intentions les plus vulgaires
à la rencontre des grands serpents de mer
d'où jaillissent des geysers près de tes terres

J'ai même bu le vin de tes raisins
et joui de la verdeur de tes sapins
pagayé avec l'Amérindien sur son canot
Comme un jour j'ai eu peur qu'il me jette à l'eau
je l'ai tué juste pour sauver ma peau
Je suis le Viking qui n'avait peur de rien

ISABELLE

Quinzième siècle! L'Occident de plus en plus puissant
veut s'emparer et jouir des richesses de l'Orient

Et l'Europe vogue en caravelle
se prend pour une vaste hirondelle
car dans la cervelle d'Isabelle
la très catholique et très fidèle
reine d'une vile Inquisition
s'allume l'idée de l'expansion
Et ses pensées sont toutes en fête
quand elle rêve de conquête

Il faut aller en Orient
marchander jusqu'au grand khan
Il faut aller chercher en Chine
les épices qu'on imagine

CHRISTOPHE

Les musulmans ont verrouillé Constantinople
où le kilo de poivre vaut une fortune
mais le goût trop faisandé de nos escalopes
bien que enrobé d'une joyeuse sauce aux prunes
avec un soupçon de poivre serait moins fade
Et pour nos desserts frugaux un peu de muscade
de gingembre et de cannelle les rendrait plus délectables
Les épices sont les bijoux et soieries de la table

Les Hindous les Arabes les Chinois
veulent vendre un peu trop cher aux rois
Les rois sont aux abois et lancent sur les eaux
leurs flottes remplies d'armes et de matelots

Portugais Français et Anglais
mettent leurs grandes voiles vers l'Ouest
s'ingénient de prouesse en prouesse
à trouver l'or la soie et le poivre frais

Il en faut pour la cuisine
aussi pour la médecine
Pour les femmes il faut de la soie
de l'or aux doigts pour les bourgeois
pour que le peuple s'incline
devant ceux qui le dominent

Alors Christophe Colomb part en croisade
chercher tous ces trésors pour Isabelle
et aussi pour convertir les païens rebelles
et que le pape leur fasse sa sérénade

FRANÇOIS

L'ère des grands voyages
arrive sur les eaux
jusqu'aux blancs paysages
où jouent les baleineaux

L'air des hauts monts blancs change
Cartier séduit Gaspé
Il ne ressemble à l'ange
que par ses mâts voilés

Parti de Saint-Malo
avec la soif de l'or
coulée dans son cerveau
par un roi qu'il adore

Ô si François Ier
voyait ces mille joyaux
qui brillent quand il fait beau
il y planterait ses quartiers

JACQUES

Sur cette Terre-Neuve
noirs et blancs oiseaux pleuvent
dans la mer se déhanchent
en habits du dimanche

Gras comme des voleurs ou des bourgeois
ces pingouins dont la peau est très lisse
font de notre table délices et joie
Et la chair de l'ours blanc
aussi tendre que celle d'une génisse
se mange aussi gaiement

Mais quand l'été s'allonge
sur le sable des îles
dans le rêve je plonge
où Madeleine s'exile
là où les pois en fleur
fraisiers et groseilliers
exhalent les odeurs
d'un éden oublié

DOMAGAYA

Au fond de la vallée
fuit un serpent d'argent
si long que baptisai
le fleuve Saint-Laurent

Au royaume de la neige
les étoiles florilègent
L'or des soleils couchants
flambe en ses firmaments

Ô si François Ier
voyait le beau Saguenay
avec ses fjords précieux
jusqu'au cœur du lac bleu
il donnerait son royaume
devant tant de beauté
laisserait son or couler
et entonnerait un psaume

Mais l'hiver est prison de glace et de famine
sans aucune vitamine mes hommes sont sur le long

Domagaya prétend que le Soleil s'est perdu
dans le grand cèdre blanc qui guérit du scorbut

Suis retourné en France
avec une abondance
d'or et de diamants
trouvés en labourant

Mais l'or ne s'avéra
que pyrite de fer
le diamant si clair
n'était que du mica

Et tout est à refaire

À la porte du Kébèk
(Du sombre au foncé)

Pourquoi faut-il qu'un peuple ne puisse habiter son pays
clé en main
Et comment sa mère peut-elle partir en glissant la clé du pays
sous la porte

LES FRANÇAIS

Sous le Régime français
on ne valait pas plus
pour les nobles au palais
qu'un animal poilu

Quand Champlain est venu
tirer de l'arquebuse
sur les Iroquois nus
ce n'était qu'une ruse

Le commerce des fourrures
était plus important
que de penser au futur
des nouveaux arrivants

On s'est saigné à blanc
pour la molle seigneurie
400 000 livres par an
des plus riches pelleteries

Le Blanc exploite le Blanc
Louis Hébert le colon
donne au boss sa moisson
ne mange que les restants

Même Dollard des Ormeaux
pour avoir plus de peaux
est devenu un héros
en y laissant sa peau

LES ANGLAIS

On fait encore plus facilement
un sauvage avec un Français
qu'un Français avec un sauvage
disait Marie de l'Incarnation

La devise de la baie d'Hudson
c'est peau pour peau comme de raison
celle du castor celle de l'homme
ce qui importe c'est la somme

Avec 1 000 % de profit la compagnie
dans sa longue barbe rit
Elle ne donne au roi
que 5 % du prix du castor
et vend le reste au prix de l'or

L'exploitation fait loi

On fait encore plus facilement
un Anglais avec un Français
qu'un Français avec un Anglais
dira le patron en crachant

LES IROQUOIS

Il y a plus de 300 ans
6 000 habitants
On est 1 000 fois plus maintenant
On se fait fourrer autant

Le Blanc exploite le Rouge souvent
Le Rouge prend son scalp quelquefois
La robe noire exploite sa foi
fait une croix sur sa vie d'antan

Pour sauver tous les habitants
le Roi-Soleil envoie
son gros régiment Carignan
génocider les Iroquois

On a chanté le Te Deum
sur les ruines du peuple iroquois
comme sur le peuple kébékois
après le référendum

On fait toujours plus facilement
et peut-être encore pour longtemps
un Canadien avec un Kébékois
qu'un Kébékois avec un Canadien
dira le patron des villageois
qui viennent manger dans sa main

LES CANAYENS

Ils ont toujours choisi pour nous
Nous n'avions pas le choix
On ne peut faire échec au roi
quand on marche à genoux

Ça faisait plus de 300 ans
qu'on n'avait pas eu le choix
Mais on l'a eu il n'y a pas longtemps
le NON des Kébékois

Une fois de plus le mauvais choix
On ne sait même pas faire une croix
à la bonne place
et on efface
toutes les traces de sa fierté
quand le lâche Trudeau lâche son armée
(croyant faire de lui-même un homme)
sur le troupeau de moutons que nous sommes
et musèle la parole des poètes
qui faisant fi de l'explosion de son pet
pour une fois relèvent le défi
de dénoncer cette ignominie

J'ai ouï dire
que le Kébèk n'avait plus d'avenir
que son identité se mire
dans la glace du souvenir

J'ai ouï dire
qu'on s'était fait passer une épinette pour un sapin

J'ai ouï dire
que le Kébékois devenait de plus en plus un Canayen

LES COLONS

J'ai ouï dire
que Talon aimait bien les colons
presque autant que le curé Labelle
mais que les deux étaient des criminels
car nos ancêtres étaient des bons larrons

J'ai ouï dire
qu'ils faisaient le travail que les patrons
signaient sournoisement en leurs noms

J'ai ouï dire
que sur les plaines d'Abraham
le loup a dévoré le mouton
et que le marquis de Montcalm
méprisait les Canayens
les porteurs d'eau les colons
qui travaillaient pour presque rien

J'ai ouï dire
qu'on aurait pu gagner si Montcalm
avait gardé son calme

Un seul Français de grand calibre
a ressuscité notre nom à la face du monde
Le grand Charles de Gaulle a dit à Toulmond
le slogan historique «VIVE LE KÉBÈK LIBRE»

LES CURÉS

Maintenant le maître est anglais
Le conquérant a trouvé pour régner
monseigneur Briand roi nègre acheté
qui fait serment de trahir les Français

Le clergé enlève leurs fusils
aux habitants pour qu'ils servent l'ennemi
Les Anglais ont plein d'esclaves blancs
Le cheap labor continue pour tout le temps

Les Américains viennent pour libérer
tous les Canayens du Régime anglais
Mais tous les curés vont excommunier
les mauvais sujets qui veulent se rebeller

LES YANKEES

Quand les 13 colonies d'Angleterre
ont choisi d'être une république
la vieille France leur a donné sa poudre
ses canons et sa bénédiction

Mais les États-Unis d'Amérique
comme la foudre ont envahi la Terre
Dire qu'on aurait pu être des Yankees
et devenir comme ceux qui colonisent

Les 6 000 Britanniques loyalistes
ont inventé le séparatisme
divisant la province pour régner
créant les Haut et Bas Canadas

À chacun sa chambre et son assemblée
À chacun ses mensonges et ses vérités
Et pour la première fois on a le droit
de voter pour ou contre la loi du roi

LES REBELLES

Mais la démocratie
n'est qu'une ombre chinoise
ou bien une siamoise
de l'oligarchie

Quand on n'a pas d'histoire
comme disait Lord Durham
on n'a pas de mémoire
on a perdu les rames
du bateau de l'espérance
sur le fleuve de l'avenir
On peut s'attendre au pire
à la merci de la chance

Et si le gouvernail
n'est pas entre nos mains
on rêve dans la grisaille
des bontés du destin

Le bateau coule à pic
on va se noyer dans la mer britannique

Papineau veut sauver la race
avec des mots il la tient en surface
Sa parole est une délivrance
C'est le messie de notre indépendance
Il combat la Constitution
Les Patriotes changent ses mots en actions

LES PATRIOTES

Patriotes fils de la Liberté
l'Anglais nous mange la laine sur le dos
La carotte qu'il veut nous faire manger
est une matraque faite avec nos os

Nous avons tous les droits
mais eux ils ont la loi
Il faut changer nos ustensiles en balles
changer notre pauvre succursale en capitale
pour que notre peuple soit roi

Patriotes les seigneurs ont triché
Ils ont mangé l'avoine de notre cheval
Patriotes les marchands ont cassé
les noisettes dont on croque les écales

Ils ont mis le feu à nos charrettes
et notre cheval mange le foin de la disette
Ils ont brûlé nos fermes et nos pacages
Nos pensées et nos mots ont la rage

La clique du château
boit notre sang dans son vin
Mais nous on boit de l'eau
dans la paume de nos mains

La sueur de nos fronts
est l'eau de leurs moulins
Et c'est nous qui cultivons
tout ce qui pousse dans leurs jardins

LES PAYSANS

Patriotes à la face de toutes les nations
il faut devenir un peuple souverain
Patriotes assez de soumission
la solution c'est de nous qu'elle vient

Boycottons le tabac et le thé
le vin et le rhum importés d'Angleterre
Retirons de leurs banques nos deniers
et boycottons les marchands de misère

En avant paysans saccagés
Sortons nos piques nos fourches nos fusils
En avant artisans humiliés
Faisons des canons avec nos cris

Et huons les sermons idolâtres
des monseigneurs en statue de plâtre
Au combat
À bas la colonie et pour de vrai
Assez du joug anglais
Devenons un pays

LES CANADIENS FRANCAIS

J'ai ouï dire
que le mariage des deux nations
s'est fait de force comme de raison
Le père est un Anglo-Saxon
qui n'a jamais fait jouir
la mère kébékoise qui délire
quand elle ne vit pas de passion

J'ai ouï dire
que si l'amour est mort
il vaut mieux vivre chacun en sa maison
car la loi du plus fort
finit toujours par perdre la raison

J'ai ouï dire
que lorsque l'union n'est pas consommée
et qu'aucun enfant fort n'en est né
le divorce est souhaité et autorisé
«Deux scorpions ne peuvent vivre dans la même bouteille»
mais deux solitudes peuvent être amies sous le même soleil

Ah mais si la femme est plus riche
que son mari c'est celui-ci qui triche
pour avoir le plus gros morceau
du gâteau d'or qu'elle a mis au fourneau
Et alors il lui fait cadeau
d'une petite chaîne en argent ou or faux
Mais la femme sait qu'il veut sa peau
C'est en brisant sa chaîne
qu'elle se libère du fardeau
insoutenable de la haine

LES IRLANDAIS

Hélas
Hélas

Une fois de plus vaincus
la loi martiale aidant
les Anglais nous ont eus
comme des mouches au collant

Et Victoria dans son lit
se mire dans ses rubis
La victoire de Saint-Denis
ne lui fait pas un pli

Elle envoie des Irlandais
dont nous allons être les laquais
Ils arrivent ici en taxi
Ils sont toute une épidémie
Ils engrossent le Haut-Canada
et nous font cadeau du choléra

Hélas
Hélas

On est bûcherons ou bien draveurs
On n'a pas beaucoup de valeur

Hélas
Hélas

LES KÉBÉKOIS

Le Kébèk c'est la femme dans l'histoire
et le Canada joue à l'homme au pouvoir
Mais une province peut devenir un pays
C'est l'égalité qui changera la vie

Le Kébèk est un joyau sans prix
sur la couronne d'un royaume désuni
Ce bijou peut briller à notre cou comme un soleil
si tous les gens du Kébèk se réveillent

J'ai ouï dire
que le clairon sonnait bien haut
dans la bouche de Papineau
qui en a perdu son chapeau
quand les Patriotes ont mis le feu à la mèche
qui a fait sauter la poudre dans ses mots

J'ai ouï dire pourtant
que Papineau ne voulait pas voir le clairon de sa voix
se transformer en gueule de canon pour libérer la voie

J'ai ouï dire encore
que juste avant la conscription
et juste avant que nous ne devenions
de la bonne servile chair à canon
un dénommé Francœur a lâché une motion
pour faire sortir le Kébèk de la Confédération

J'ai ouï dire
qu'une fois encore le Peuple est resté silencieux
et doux comme un mouton
avec les larmes aux yeux

LES CATHOLIQUES

Notre mouton saint Jean-Baptiste
s'est fait couper la tête
le jour de sa fête
Et sa mascotte le mouton les fédéralistes
lui ont fait une tonte très lisse
et c'est depuis qu'ils s'en vêtent

Cependant que Duplessis notre messie antéchrist
met les menottes à tous les communistes
Mais il ouvre grande aux capitalistes
la porte d'amiante qui assomme les grévistes

Et monseigneur Joseph Charbonneau
va se ranger du bord des porteurs d'eau
Malgré tout Duplessis décide de vendre le Labrador
une cenne la tonne
Et voilà une mine d'or
pour les Yankees qui s'en étonnent

LES INDÉPENDANTS

J'ai ouï dire
que Duvernay Chaput et Barbeau
le chanoine Groulx Bourgault et Laurendeau
ont lutté très fort pour sauver le bateau
sur lequel s'est embarquée une race
qui a peur de l'eau
et peur de gagner sa place

J'ai ouï dire
que la Révolution tranquille
a fait moisir un peu l'évangile
et brisé les chapelets en famille

J'ai ouï dire
que Séraphin a brûlé avec son or dans ses guenilles
que Lesage a nationalisé l'électricité
que Johnson parlait d'entrer dans la course de la modernité
en menaçant de déclarer l'indépendance
que Lévesque a failli faire
que Bourrassa a failli à faire
et que le Kébèk est toujours à la porte
de sa liberté de dire oui ou non
à sa dépendance ou à son indépendance

J'ai ouï dire
qu'une province est à la porte d'un pays
et que la clé qui ouvre cette porte
est la fierté de porter son nom KÉBÈK

KÉBÈK À LA PORTE

Le Kébèk est une porte
dont la clé d'or est encore aux mains du Canada
et dont le double est dans celles des États

Le Kébèk est concierge
d'une cathédrale de silence
et la Constitution
n'est qu'une clé anglaise
pas la clé universelle

Le référendum était notre passe-partout
La liberté ayant ouvert les portes de la fierté
le Kébèk sortirait d'une mort tricentenaire
nos voix et nos porte-voix seraient en français
devant la porte du monde

Le Kébèk est un mouton
mais un lion dort dans sa voix

Le Kébèk a un cœur d'or
il prête ou donne tout aux étrangers
C'est tout comme s'il profanait
le portail de son royaume

Le référendum est notre passe-partout
notre fierté ouvrira les portes de la liberté
et le Kébèk sortira de sa mort tricentenaire
Nos voix et nos porte-voix chanteront en français
derrière les portes du pays
devant la porte du monde

Kébèk à la porte
(Du rose au bleu)

Bien que ses portes se ferment mal
que dans ses entrebâillements
se faufilent les filous de la finance
et bien qu'on réussisse encore à y glisser furtivement
un sapin synthétique masquant une forêt
et bien que ses joueurs de hockey
soient de fervents francophones
le Kébèk ne se porte pas si mal
même sur les perrons de porte
où chacun perd son portefeuille avec sa langue dedans
en grimpant chercher les couleurs de son porte-drapeau
cependant que l'équipe de ses porte-parole
a perdu son gardien de but
une aile et une corne

Porte-voix

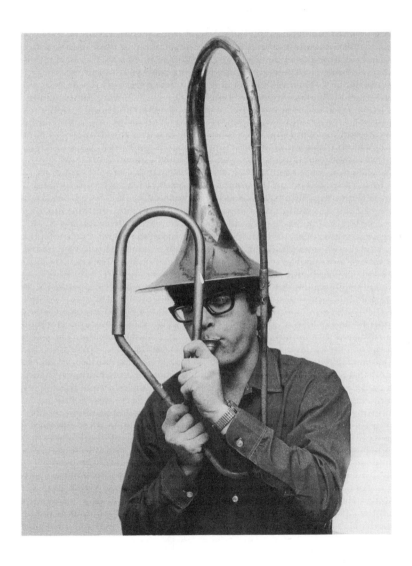

Ils ont électrocuté ma voix
J'ai mis le feu à leurs pensées

REBELLE

car la poésie n'est pas que belle
elle est rebelle
c'est pourquoi je crache mon cri de corneille
blessée dans vos oreilles
comme un autre là-bas de la poudre dans le canon
d'un fusil pour mieux vous entendre armer votre bouche
de paroles à pouvoir d'obus mais
je ne suis pas celui qui est déjà digne de mourir et si
je meurs avant vous vous ramperez ma mort
en chacun de mes vers de profundis
je vous laisserai en héritage mes os et mes nerfs
vous prendrez mes tibias en guise de baguettes je vous
laisserai ma chair en héritage vous la
tannerez en ferez une peau de tambour
ainsi mon âme continuera de résonner
au tympan détamponné des combattants des temps à venir
mais j'enfanterai le cosmos Kébèk à côté de cette
chiure d'étoiles américaines Ké Ké Ké Kébèk
plus ta blessure est béante et plus ma parlure
se pâme quelle mite mange ta langue pour que tu
frenchekisses avec la nourrice vache vache
washingtonnienne ô libera me de omnibus americanibus
canibus federalibus sinon nous mourrons tous
pendus à l'érable par la langue et par les testicules et
ainsi qu'un pissenlit la cervelle semée aux quatre vents
nous serons dans l'air des hommes comme une pollution
serons-nous jamais identifiables et reconnus
sur la carte de la Terre des hommes
Élizabeth viendra boire son thé sur nos tombes posera son
cul d'or sur nos âmes et mettra bas des
bouledogues en guise de cerbères de nos cendres quel beau
musée Kébèk prends ton pied et te le mets au cul car
il n'est plus permis de mourir en ce
pays-livre-ouvert-à-pages-blanches-d'histoire-et

BLASPHÈME

et ton sexe est un tabernacle où
chrisser l'âme de ma verge et
fleurir dans ton ventre le
nouveau dieu-homme du Kébèk et

et tes seins sont des calices et si y
boire est un sacrement je re
m'attable à ta poitrine je re
tourne à la source de vie et

et ton ventre est un calvaire où
mourir de joie en croix sur toi pour
baptiser le Kébèk de
l'esprit saint qui manque à sa langue et

et mon sexe est une hostie qui
vient fondre dans ton vagin et ré
pandre sa sainte crème pour
oindre ton corps de beauté et

et ton corps est un sanctuaire où je
tiens ma verge allumée comme un
flambeau de liberté dans les
rues ruelles du Kébèk et

MONUMENT

et lire chanter et crier à haute voix car

Ké Ké Ké Ké KÉBÈK
je t'ai t'ai t'ai tant et tant aimé
Ké Ké Ké Ké KÉBÈK
seul ton nom est digne des majuscules seul ton nom
peut avoir la dimension d'un monument aux hommes à
venir
en vérité en vérité je te le dis je
t'assassinerai d'atroces beautés

Ké Ké Ké Ké KÉBÈK
tout l'amour que j'ai pour toi est à ce point suprême
qu'un jour j'en perdrai parole

mais ké mais ké mais qui es-tu
un petit prophète en pantoufles
mais ké mais ké mais d'où viens-tu
je suis né dans une poubelle
mais ké mais ké mais que fais-tu
j'accouche l'âme du KÉBÈK
mais ké mais ké mais qui es-tu
la poésie à l'envers

car la poésie n'est pas que belle elle est rebelle jadis
quand j'ouvrais la bouche des colombes
s'envolaient boire les espaces bleus ah
baisez-vous bercez-vous bilatéralement
beaux buveurs de ciels bleus avant
que n'advienne le rose effoirement des chairs avant
le voyage dans le ventre de la Terre

BAZOOKA

mon cœur est un gros pendule qui
cogne comme un canon ma
bouche est un bazooka qui
met le bordi borda

donc en ce temps-là toute parole était une
aile larguée vers l'ailleurs tout être se
lavait de lumières parmi les rosaces de
soleils et les gerbes d'étoiles faites le voyage par
air johnson ou par voie souterraine correspondante

l'oiseau que je t'avais donné
qu'en as-tu fait mon bien-aimé
l'oiseau que tu m'avais donné
dans ma prison je l'ai gardé

là où volaient des oiseaux à gorge
gazouillante sifflent sirènes
balles et avions qui
chient le feu le napalm et le
sang ainsi maintenant chaque mot
d'amour est un pigeon blessé aux petites pattes
prises dans le béton armé des jardins de la ville
l'homme n'est plus
un oiseau

BOMBARDIERS

si t'en as vu t'en wairas pu
harnastine harnastine
si t'en as vu t'en wairas pu
des tits zouézos qu'ont l'cul
pointu

ti té la da di tom
ti té la da di tom tom
ti té la da di tom
ti tom ti tom ti tom tom

toute chose vivante est une plaie ouverte toute
terre est un tapis d'épines mais il n'est plus permis de
s'évader même à travers les barbelés quand on est envahis
de toutes parts et que la marée monte dans nos veines

les bombardiers viendront les chars d'assaut
le jour le plus long sera le plus court bing bang une
bombe tombera sur la tête des innocents et nos enfants
comme bateaux seront bercés par les flots rouges

KYRIELLE

je veux hurler au monde entier la liberté du
Ké Ké Ké Ké KÉBÈK

entendez-vous les uns les autres chanter
la liberté de votre pays comme moi
je vous ai entendus rire dormir et
mourir dans vos chaînes et puisque Dieu même a
besoin des cloches du hameau pour
s'entendre exister que mon corps me survive
sonore en vos oreilles que je meure le
cri dans l'os la plaie ouverte comme cette bouche qui

kyrie kyrie kyrie eleison
kyrie kyrie kyrie e e

Ké Ké Ké Ké KÉBÈK
mets un barrage aux niagaras de larmes qui
chutent sur tes joues fais l'amour à la guerre qui te
libérera des ténèbres ancestrales que ta parole ait le haut
voltage de Manic V fais ceci en mémoire de toi-même et de ta
race maintenant je te baptise je t'exorcise l'oreille et la
bouche et le cœur et l'esprit au nom du déluge d'amour qui
s'annonce en mon œil et ma bouche et mon
cœur et mon esprit

ah ah ah ah ah ah ah ah ah ah ah ah ah ah
que je meure
les bras en croix comme la
place Ville-Marie mais avant de quitter ces lieux je
vrillerai ma verge fleurdelisée dans le
vagin de la vierge KÉBÈK
Ké Ké Ké Ké KÉBÈK

Q-BEC BBQ

Cue in cue out cue Q-Bec BBQ Q-Bec cue
Des oreilles aux orteils Miss Q-Bec barbée
chair de poule ta peau blanche et nue dans l'or
my love ma fleur de lis immacu( )

Quand tu baises les piastres de Sam ça me fait aouch
dans ma peau popopopolitique
dans ma peau dadadada d'Amérique
Quand tu couches avec la masse ça me fait aouch
dans ma peau popopopornographique
dans ma popopopopularité
Les étatatatatatatats jouissent

Cute in cute out cute Q-Bec BBQ Q-Bec cute
Tes beaux yeux sur ma chair chère c'est censuré
I'll have a wing of Miss Q-Bec BBQ cute
ô je te mange pour six piastres ma très dorée

Quand tu viens près de mon cœur et me touches là
dans ma peau popopopolitique
dans ma peau dadadada d'Amérique
Quand tu donnes mon corps au Pig et me violes
dans ma peau popopopoétique
dans ma peau kékékékébékoise
je suis dans mes états désunis

ZOOM

Zoom in zoom out zoom Q-Bec BBQ Q-Bec zoom
Struggle for love sous la tendresse des cieux
De tous les canons de mon âme je t'alléluiasse
ô mon poussin en plastique à la sauce étoilée
Tchik in klik out pan Q-Bec BBQ Q-Bec out

Quand tu serreras tes seins au musée
dans la peau popopopolitique
de la belle proproproprovince
Quand tu vivras sur le mont de Vénus
dans ma peau papapapacifique
dans ma peau papapapatriotique
les Wottawawawawawawa seront morts

Q-Bec BBQ mon rêve d'amour Q-Bec Love
Dans tous les pores de ma peau caresse-moi
Mon corps est un oiseau aux ailes qui brûlent
au cinéma mon écran mon image

Q-Bec BBQ ô Q-Bec my Love
Q-Bec Help

Complainte

Que s'est-il passé en octobre
La feuille d'érable est tombée

La rose fleurit en plein hiver
Et le printemps pullule de lis

ROUGE ET BLANC

Je suis l'inouïment aînée de la décade
Faut-il que chaque parole perpétue mon procès
Faut-il que chaque poème prononce mon décès
Je suis l'inouïment aimée dans la parade
J'octroie la parole à qui l'exige et chacun crie
J'ouvre la bouche m'annonce ma mort mon aphonie
Je suis une pluie de larmes on boit rouge à mon sein
Je suis un amas de blessures dans un tas de poings
Je bannis la fuite à la suite de ma race rare
Faut-il que je me lave la figure avec ma langue
Faut-il que je me fende la cervelle dans la harangue
J'étire ma naissance peut-être est-il trop tard

Faut-il que je me souvienne du drapeau blanc et rouge

ÉTOILÉ

Pendant ce temps l'étoffe de mon pays s'abaisse
L'étranger me traverse l'esprit d'éclairs d'argent
Je ne permets pas que l'aigle consomme mon dedans
Pendant que ma brebis prie le loup-garou s'engraisse
Je ne veux pas mourir grasse et grosse ainsi que Sam
Mais j'ai peur que le pourceau me mange l'âme
J'ouvre le livre du monde et me cherche souvent
Et je lis la carte du ciel sans compter l'Amérique
J'offre pourtant le sein à tout être de tout continent
Et j'accorde le refuge à tout Terrien pacifique
Pendant que je pense mon Oncle dépense et m'éventre
Pendant ce temps frissonne le fruit de mon rond ventre

Faut-il que je me souvienne du drapeau étoilé

ÉRABLE

Nul ne prendra mon nom s'il se baigne dans mon sang
Qui s'endort dans la boue se réveille bloc de ciment
Où trouverai-je celui qui libérera l'alouette
Pourquoi me pendrais-je encore par la langue et la luette
Pourquoi boufferais-je une bombe dans une pomme
Et quel civilisé cannibale avalera l'homme
Où prendrai-je le temps de flotter lis sans me taire
Combien de siècles encore à me laisser faire

Faut-il que je me souvienne encore du vil vautour yankee

Je ne me saoule pas du sucre qui suinte à l'érable
Je plante ma voix dans la tempête de paroles
Pendant ce temps trop des miens s'étendent sur le sable
Pourquoi rêver si longtemps d'un impossible envol
Un trou d'eau est toujours entouré d'un vieux cheval
Je plante un drapeau blanc à la place du Parlement
Qu'y a-t-il de pire qu'un peuple qui meurt enfant
Et comment ne pas s'arracher le cœur quand on a si mal
Toute nation dont on mord la langue a droit au combat
Tout en me coupant la langue on me commande un débat

Faut-il qu'une feuille d'érable cache ma nudité
Faut-il que je me souvienne aussi du premier Français

1837

Je suis le cours du fleuve et mon histoire m'assoiffe
Je veux rentrer dans l'œuf de Colomb à vol d'oiseau
Je veux rentrer dans ma maison par la grande porte
Qui donc calcule au compas mon tour de taille
J'étais enroulée dans l'hiver par-dessus la tête

Qui donc a fondu sa tête dans un 30 sous
On dit que la face du diable apparaît sur la piastre
Souvent j'entendais l'hymne national en anglais
On chantait *God shave the Queen* en pensant au désastre
Un chien ne peut pas aboyer plus fort que mon chien
Quand vient la reine moi je me fous de tout pari

Plus loin dévale la vallée là où je suis née
Ici séjournent mes ancêtres dans la noire terre
À côté de ma défaite se tient ma victoire
Maintenant m'envahissent les voix de Saint-Denis

1837 fois JE ME SOUVIENS

Kébèk mon beau bébé

Et si mon enfant me renie
pourrai-je encore l'embrasser

LE SILENCE

Kébèk ô mon beau blanc bleu bébé d'amour

Gens du Peuple kébékois
Je suis un enfant libre du Kébèk
et le Kébèk est mon enfant
Je ne suis qu'un simple petit Kébékois parmi les Kébékois
et je veux devenir grand
La parole est mon acte suprême et je parle
à tout un chacun et à Toulmond du Kébèk
en même temps seul à seul et tout le temps
Sommes-nous un peuple
Sommes-nous heureux
Sommes-nous notre histoire

Je voudrais être tellement anonyme
que Toulmond vous connaîtrait
En réalité je me parle à Toulmond
Ce que je fais
n'a pas plus d'importance que ce que je dis

La première chose à faire au Kébèk c'est le Kébèk
en chaque Kébékois en chaque Kébékoise

À un moment donné tout le Kébèk
est emprisonné dans la peur de se libérer

Tu es mon pays je suis ton peuple
Dans la prison de ton silence
comme un soleil dans un nuage noir

Kébèk ô mon beau bébé

LE PARLOIR

Partout partout tu t'étends au-dedans et au-dehors de moi
aussi nombreuse que tous les flocons de neige
qui se rassemblent dans la maison blanche de l'hiver
Je me lève dans la galaxie de ton sang
et mon souffle couvre ton corps de soleil
Je me lève dans ton âme
cette belle et grande blessure blanche que je couds
en me saignant la parole à blanc
Je me suis fondu en toi
Je ne suis plus que cette belle et grande blessure blanche
qui caille
J'ai perdu tout mon sang dans la bataille
et je m'avance encore
Je m'avance en dessous et au-dessus des bordées de neige
Je suis une armée de roses

Kébèk ô mon beau bébé

Que tout un chacun du Kébèk
soit une cellule active et créatrice
de la libération totale du Kébèk
Que tout un chacun redevienne roi de lui-même
Que tout un chacun soit son propre boss

La première liberté est de vouloir pouvoir savoir
parler à qui l'on veut où l'on veut
quand on veut et comme on veut
de ce que l'on veut
dans la langue du Kébèk

À un moment donné Toulmond est demandé au parloir

Ô Kébèk mon beau bébé

LA ROSE

J'habite dans ma bouche
et chacune de mes 33 dents
est un barreau de prison qui retient la tempête
Ma trente-troisième dent est la clé de ma prison
Ma trente-troisième dent est une dent
qui mord l'espace libre du Kébèk

Le silence est ainsi qu'une épine dans ma gorge
comme une arête
La parole est ainsi qu'un pétale de rose
dans ma bouche une bouchée de pain quotidien
Ce ne sont plus des bancs de neige
qui sortent de ma bouche
mais une poudrerie de roses
et des épines pour protéger mon amour

Kébèk ô mon beau bébé

LA BOMBE

À un moment donné tout le Kébèk est emprisonné
dans la liberté
Je ne suis qu'un atome et je sens que je vais éclater
Le silence est une bombe
amorcée dans la bouche du Kébèk
Qui donc a mis cette bombe dans cette rose

Que la voix du Kébèk soit une bombe d'amour
que tout Kébékois toute Kébékoise
éclate de liberté de prospérité et de paix
Que la fonction de soldat
soit bannie des activités humaines

Ah les fraises et les framboises
Mon beau Kébèk roi des sapins

J'habite mon cri comme une prison d'or
Que la coquille éclate en plein soleil
Si l'homme fabrique des bombes
c'est parce qu'il a besoin d'éclater d'amour
Ce n'est pas en tuant le tueur
que l'on accomplit la révolution ou alors
c'est un peuple entier qu'il faut tuer

Kébèk ô mon beau bébé bleu

LE PEUPLE

Il n'y a rien de pire qu'un enfant qui meurt
dans le ventre de sa mère
pas de plus grande blessure qu'une mère qui s'avorte
Il faut renaître
libre de tout esclavage
ne plus penser à ce que nous avons été
mais aspirer à être ce que l'on est vraiment
en regardant droit vers l'avenir
Qui nous libérera de nous-mêmes si ce n'est nous-mêmes

J'habite mon corps et mon corps est mon pays
Le plus grand pays de l'homme c'est l'homme

Je viens du pays où tout un chacun a cessé
de saler et de poivrer sa plaie
Il n'y a rien de pire qu'un enfant qui meurt vivant
dans le ventre de sa mère
Je ne suis pas né pour un petit pain
mais à la sueur de ma parole

Ô Kébèk ô mon beau bébé

Ce qu'il faut au Kébèk
c'est de rassembler tous les Kébékois toutes les Kébékoises
de manière à former une nation forte belle et pacifique
une nation un peuple
qui renaît de ses cendres
libre de tout esclavage de toute sorte
un peuple qui ne pense plus à ce qu'il était
mais à ce qu'il veut être
un peuple qui est tout entier
dans sa volonté de réaliser son histoire
un peuple libre

LE POUVOIR

Ô Kébèk ô mon beau bébé

Le pouvoir de l'homme transparent
consiste à inventer le pouvoir
de connaître son identité

Il faut réinventer l'homme total
celui qui est à sa place
qui est à la bonne place
qui prend sa place et qui ne perd pas sa place
partout tout le temps parce que tout un chacun
et Toulmond est à la bonne place
au bon moment
sous le soleil

Seule la mort nous a été donnée par surcroît

La révolution individuelle
ouvre la porte à la révolution nationale
Il appartient à chaque Kébékois à chaque Kébékoise
de tracer dans l'eau dans l'air dans la terre
dans le feu et dans la lumière
la voie de la liberté totale
Comment peut-on se libérer des autres
si l'on ne peut se libérer soi-même
avec tout un chacun

La véritable transformation à faire au Kébèk
c'est de passer d'une conscience malheureuse
de colonisé coupable
à une conscience heureuse de travailler à
libérer le Kébèk de ses chaînes
Il faut transformer le dehors par le dedans
Et ne plus se laisser manger la laine sur le dos
Ne plus se manger les uns les autres

LA LIBERTÉ

Un jour tout de suite Toulmond pourra parler
à haute voix sur la place publique
et sans interprète

La libération du Kébèk se fera le jour où
tous les Kébékois et toutes les Kébékoises
marcheront le front dans le front
comme une armée de roses qui embaume l'espace

Et s'il faut faire la révolution matérielle
c'est l'électricité qu'il faut couper
Si la matière est polluée
c'est parce que l'esprit est pollué

Et s'il faut faire la révolution
avec son corps et avec son âme
c'est la lumière du dedans qu'il faut allumer
Cette lumière est dans le cœur
de tout homme et de toute femme
comme un grand feu de joie

Kébèk ô mon beau bébé d'amour

L'AMOUR

Un jour tout de suite
je ne marche plus sur les épines de la violence
et passe à travers les bancs de neige et
la poudrerie de balles pour aller construire ma maison
dans l'amour

Je suis avec les miens en dedans et
en dehors de la prison
Je vous rends compte que je suis encore en vie
et à jamais
Je remets la parole
à chaque Kébékois chaque Kébékoise
malgré la loi des mesures de guerre
pour la loi des mesures de paix
et pour le droit à la liberté
et à l'identité nationale du Kébèk
sur la Terre des hommes
où il fait bon cultiver des roses roses

Que tout Kébékois soit le libérateur de tout Kébékois
Que toute Kébékoise soit la libératrice de toute Kébékoise
et le Kébèk sera libre d'être ou de ne pas être
un pays
Que chaque Kébékois soit le Kébèk à lui tout seul
avec chaque Kébékoise et chaque Kébékois

À un moment donné je ne me souviens plus
Je te désire ô Kébèk
Nous sommes les enfants les uns des autres
Tu es mon soleil je suis ta neige
Tes beaux yeux noirs ne voient pas trop loin
Mes beaux yeux blancs te regardent au-dedans

Kébèk ô mon beau bébé
Mon libre rêve libre

Lettre d'amour à Toulmond

Appel de conférence
de personne à personne
au Peuple du Kébèk

L'ARME

L'arme suprême est la parole

Dans les circonstances actuelles ce que je dis
n'a pas plus d'importance que ce que dit un roi
ou son valet
Nous sommes les Frères Libres du Kébèk
Ce n'est pas un membre du FLQ que vous lisez
mais un simple citoyen kébékois
en état de faiblesse absolue devant l'État
Le seul acte de liberté qu'il nous restait
nous a été enlevé
la parole
le droit de parler et de dire autre chose
que ce que disent le FLQ et l'État
Si la démocratie existe ici
c'est que le pouvoir de la parole a été donné à Toulmond
Que Toulmond parle enfin
Personne ne peut imposer la loi du silence
Lorsque l'État consent à la vengeance
et à l'oppression systématique en monopolisant les mots
l'État par le fait même monopolise les actes
du Peuple kébékois.

LA PAROLE

La parole est mon arme suprême
mon action première et ma dernière réaction
Je suis le fils du Peuple et le Peuple est mon enfant
Il faut réinventer la parole de fond en forme
Le pouvoir de parler est pareil au chant de l'oiseau
à la respiration de la vie
Je veux que ma voix soit une bombe d'amour
et que Toulmond éclate de vérité
Toulmond est libre
de dire d'écrire de publier
qu'il est d'accord avec un autre monde
que celui où règnent le chantage et la guerre
entre les hommes
et la terreur à deux faces l'État et le FLQ
Nous n'avons pas remis le pouvoir entre les mains de l'État
pour qu'il nous en dépossède
Si un homme ne peut exprimer librement
sa parole son cri son chant
personne ne peut ouvrir la bouche
Chaque Kébékois chaque Kébékoise est une cellule active
et créatrice de la libération du Kébèk

Un homme meurt parce que le pouvoir qu'il représente
n'est pas accepté par un groupe de citoyens
Tous les médias d'information couvrent sa mort
et ouvrent la porte à tous les quolibets
Il y a même des soldats qui surveillent le mort
pour qu'on ne le tue pas une deuxième fois
pour ne pas le voir ressusciter
N'avons-nous pas compté les morts de toutes les guerres
Combien d'humains meurent chaque jour en devoir
dont jamais personne ne parlera
L'histoire que transmettent les médias
est trop souvent l'histoire de la mort
La violence s'apprend sur les écrans et sur les ondes

LA TERREUR

L'imposition du silence est le terrorisme suprême

Ce silence que l'État impose au Peuple
par la loi des mesures de guerre
est l'acte de terrorisme suprême

Si quelqu'un est prêt à tuer l'État
c'est parce que l'État ne soulève plus
l'admiration et le respect du Peuple et
se croyant maître de l'état de crise
il est sur le point de s'écrouler
(car le pont qui relie le Peuple et l'État
porte mal le poids de la trahison)
Mais Toulmond s'en lave les mains
Le crime est perpétré en chacun de nous
et nous ne le savons pas
L'État est devenu l'esclave du pouvoir
L'inconscience de l'État est proportionnelle
à celle du Peuple et à celle du FLQ
L'action actuelle du Peuple se résume
à parler de l'imposition du silence
On ne connaît le pouvoir de la parole
que lorsqu'on l'a eu et qu'on ne l'a plus
L'État le FLQ et le Peuple parlent de libération
Mais les mots qui sont dans leurs bouches
revendiquent la liberté morceau par morceau
Or la révolution sera totale ou elle ne sera pas
Cette révolution suppose que l'État le FLQ et le Peuple
doivent se libérer immédiatement de l'ignorance
rentrer au-dedans et transformer le dehors par le dedans
Aucune révolution ne peut opérer et n'a opéré
un changement radical dans le monde
parce que aucune n'a marqué une évolution nette
entre l'homme et le singe
Les révolutions et les guerres
ont ramené l'homme à son animalité

LE LOUP

L'homme est devenu un loup pour l'homme

L'homme fait à l'homme
ce que aucun loup ne ferait à son pareil

L'homme nouveau sera un homme pour l'homme
Toute parole sera le crime parfait d'amour

Je ne suis qu'un atome
et je sens que je vais éclater

Le plus grand des crimes en cette société
c'est d'aimer Toulmond

Abondamment libre au-dedans
j'ai le mal du pays au-dehors

C'est à l'intérieur de l'État
que doit se faire la révolution individuelle

Il n'y a qu'une solution
l'évolution de la conscience de l'État

L'homme nouveau finira par s'imposer
Et son pied ne reposera plus sur les cendres humaines

Tant qu'il y aura des morts
il n'y aura jamais de victoire

LE SAVOIR

Le pouvoir de la parole est le savoir du silence

La mort d'un homme c'est tout c'est rien
On laisse entrer en nous les ondes de la mort
et puis l'on meurt au-dedans et/ou au-dehors
Si Toulmond cessait de parler de la mort
de la guerre de la haine Toulmond pourrait parler
de la vie de la paix et de l'amour
Si tous les médias d'information couvraient la mort naturelle
et dans la dignité des simples citoyens de plus en plus
Toulmond penserait à vivre de mieux en mieux

Celui dont on parle le plus actuellement est un mort
Le seul avantage que peut avoir un politicien
lorsqu'il est assassiné c'est que la société s'en excuse
en baptisant un pont de son nom
Et un pont bleu n'est pas un pont rose

Le Peuple se laisse attendrir par le visage de la mort
et se tient lui-même dans cette mort d'où il ne veut sortir
C'est lui le bourreau c'est lui la victime
Car le Peuple s'est tendu le piège de la peur
Mais l'État est tombé dans le piège de l'État
le pouvoir de faire peur au Peuple

L'ÉTAT

Le FLQ est prêt à tuer et à mourir pour sauver le Peuple
Le FLQ est prêt à tenir lieu de bouc émissaire

L'État est-il prêt à mourir pour que le Peuple vive mieux
L'État est près du peloton d'exécution
Celui qu'il exécute l'exécutera

C'est la guerre de deux ignorances
l'une en habit de roi
l'autre en habit de valet
Et pourtant ce n'est pas en tuant le tueur
que l'on appelle la paix
Pour ce faire il vaudrait mieux
débrancher l'électricité sur toute la Terre

Nos enfants seront nos juges

Toulmond a les mains sales devant la mort d'un homme
fût-il un homme politique
Si ça continue le monde va se laisser aller
à l'assassinat universel et au suicide collectif

Si le FLQ est indigne d'être kébékois
l'État et le Peuple le sont tout autant
La société est ce que nous l'avons faite
et laissée faire
L'État nous a divisés en Peuple soumis
et en FLQ au désespoir
Nous ne sommes ni l'un ni l'autre
L'État est aussi responsable de la mort
d'un homme d'État que de la mort
de n'importe quel autre homme du Kébèk
L'État n'est-ce pas Toulmond en particulier
et en général

LA FOI

La véritable puissance de l'homme
c'est sa foi dans l'humanité

«Le cœur d'un gouvernement prend vraiment racine
dans la conscience des gouvernés» Spalding

Quand le FLQ assassine l'État en un seul homme
c'est moi-même lui-même et le Peuple qu'il assassine
Quand l'État à son tour propose d'assassiner le FLQ
c'est encore moi le Peuple le FLQ et lui-même
qu'il assassine
Mais pour comprendre cela il faut comprendre
qu'il n'y a qu'un seul être sur Terre
qu'un seul homme
dont chacun de nous est une cellule active
et ouverte à la vie

L'INDIVIDU

Selon la sagesse chinoise
n'est digne d'être roi
que celui qui est aimé du Peuple

Se peut-il qu'un jour
l'on puisse dire d'un gouvernement
qu'il est vraiment justice amour et paix

Si l'on ne peut se comporter à l'endroit du Peuple
comme l'on doit se comporter à l'endroit d'un individu
c'est le signe que la démocratie est une illusion
La mise à mort d'un membre de l'État
est la mise à mort de l'État tout entier
Si des hommes ont été emprisonnés
pour avoir osé affronter le pouvoir de l'État
c'est parce qu'ils ne se sentaient pas libres
de s'épanouir dans une société dont le gouvernement
ne respecte pas l'esprit révolutionnaire
qui préside à toute transformation sociale majeure

Mais c'est dans le statu quo de l'État
que finit par germer l'exaspération
de ceux qui n'en peuvent plus d'attendre
que ça change
et qu'un meilleur monde émerge et soit géré
avec intelligence et avec sensibilité
par ceux à qui ils ont accordé leur confiance
en leur prêtant le pouvoir

Rhinocéros

(Du carreauté au pied-de-poule)

Pendant que les oies se tricotent des joncs
sur les rives du fleuve ballerinent les hippopotames
sous l'œil ébarloui et concupiscent des rhinocéros
qui dans les coulisses turlutent en ajustant leurs tutus

RHINOCÉRO

Que vous soyez de Wagadougou, d'Abidjan, de Dakar ou de
Tunis en Afrique, du Laos ou du Cambodge en Asie, de
Tel-Aviv au Moyen-Orient ou de la Chine.
Que vous soyez de la Guadeloupe ou de la Martinique
aux Antilles, de Bruxelles, de Berne, de Londres ou de
Paris en Europe, de la Louisiane, de San Francisco, de
Boston ou du Kébèk en Amérique du Nord, c'est aujourd'hui,
mes très durs électeurs et mes très douces électrices,
que vous me donnez la clé de votre entendement, mur à mur,
pour que j'ouvre la porte, que dis-je, le coffre-fort de
votre bouche, dans le seul but de vous rincer les oreilles
dans une eau de source dont la musique ineffable se
compose de l'essence sonore des voyelles et des consonnes,
rassemblées ici, ce soir, dans la langue du Kébèk.

Car virgule le Rhinocéros argenté à queue de renard pose
ici, dans la comptabilité de Longueuil, sa candidature
échevelée, au pôle Nord d'une cité rongée par la Robitaxe.
Or virgule les taxes, c'est criminel point final à la ligne.

J'ai donc le wéziwézo plaisir de vous présenter ce soir le
programme en sol majeur kébékois et quinquennal d'un
nouveau règne appelé à faire chanter une nation infédérée
et infédérable, car le plus grand et le plus beau pays de
l'homme, c'est la femme. D'autre part, il est de toute
évidence et de toute urgence que le pays de la femme soit
l'enfance de l'art.

RHINOCÉR

Comme vous le savez déjà, le pouvoir de la parole est dans les poches de celui qui a le plus d'argent. Comme je suis le continuateur d'une tradition qui n'est pas encore née, je me souviens avec vous, comme le disait si mal Lord Durham, gouverneur anglais du Canada, en 1838, sur les rues Saint-Denis, Saint-Charles et Saint-Eustache, juste en face de Papineauville: «Les Canadiens français sont un peuple sans histoire et sans littérature».

Comme je ne suis ni un Canadien ni un Français, mais un littéraire kébékois pure laine, je comprends très bien que Lord Durham, en prononçant ces mots, ouvrait au Kébèk la porte de son identité universelle.
C'est pourquoi, mes très doux électeurs et mes très dures électrices, je ne souffrirai pas le suffrage de vos votes avant de vous avoir ouvert la porte de notre souvenance ancestrale et jeté un pont entre les rives des lettres capitales qui forment, au-dessus du fleuve de nos pensées, le nom propre des allées et venues, aller-retour, de notre identité graphique et sonore originelle: Kébèk.

Je me souviens qu'au dix-septième siècle, au-dessus de l'autel de l'église Notre-Dame-des-Victoires, sur la place Royale de notre jeune capitale, et, comme d'habitude, sise en silence à la face de sa solitude, à deux doigts de la taverne Henri Richard, je me souviens me redis-je encore, de cet Amérindien, converti au latin, et qui avait écrit en lettres rouges, sur un ciel bleu, habillé d'une seule vierge immaculée mais au cœur flamboyant, je me souviens, combien de fois dois-je le redire au professeur d'histoire, de cette inscription à mon cœur immémoriale, et cela, même si je déambule parfois dans l'amnésie de Montréal, oui, je me souviens de cet entêtement à ne pas oublier ce vœu:

«DEUM PROVIDERE KEBEKA LIBERATA»

RHINOCÉ

La traduction simultanée de cette première strophe du
psaume que je m'apprête à finir à l'intention de tous les
maîtres de poste actuellement valets des circonscriptions
entourant le littoral des artères en cul-de-sac de cette
contrée qui constitue fondamentalement mon territoire est:

VIVE LE KÉBÈK LIBRE!

N'est-il pas outragique qu'un seul Français se soit souvenu
de nous rappeler combien nous sommes un peuple tout à
l'envers quand il s'agit de réclamer le droit de se mettre
à l'endroit. Car, et je le répéterai demain soir à toutes
les 33 secondes, le mot «ici», bien qu'il s'écrive
et se lise et se chante aussi bien à l'endroit qu'à l'envers,
est le synonyme absolu du pays du Kébèk. Cette réversibilité
littérale et poétique de notre être national est notre
passeport le plus convertible qui nous permet, en été, de
voyager en décapotable jusqu'au rocher Percé de notre
mémoire et, en hiver, de marcher en capot de chat jusqu'au
dépanneur de notre libre imagination.

Mais comme le dit le poète: le silence est d'or surtout
quand on veut dormir et la parole est d'argent, dès le
lundi matin. Comme il est des centaines de silences qui
assassinent pendant des siècles et des siècles, il suffit
d'un Rhinocéros à queue argentée pour défoncer de sa
défense le silence affiché sur une porte fermée.

C'est pourquoi la corne d'abondance du Kébèk n'est encore
qu'un désir dont l'éros s'érigera pour tenir lieu de
pilier à l'histoire d'amour que je vous ai racontée la
semaine passée et dont les conclusions les plus hâtives
sont que nous passions à l'action, en prenant la parole
sur la place publique et dans tous les pôles du canton.

RHINOC

Voteuses verbales et voteurs invétérés! si j'ai choisi le
Rhinocéros, c'est pour mieux percer un trou de mémoire dans
les portes de l'histoire. Mais surtout et avant tout, pour
remplacer la faible mascotte fébrile du patron des Kébékois
dont le symbole de douceur et de paix porte notre historique
et congénital complexe d'infériorité. Il n'y a pourtant rien
de plus doux et de plus pacifique qu'un gentil Rhinocéros
dont le champ d'action n'est pas clôturé et dont on ne prend
pas les sabots pour des trottoirs. Ce que peu d'électeurs et
d'électrices savent du Rhinocéros, c'est que, le soir venu,
il enlève la cuirasse qui le blinde contre toute attaque
fédérale et s'étend doucement dans les verts pâturages du
rêve où il se vautre dans l'avoine et la luzerne, dans les
carottes et les bettraves et parfois, dans ses moments de
transcendance, dans les fraises, les framboises et même les
talles de bleuets, l'écrasement général du tout lui étant
une liqueur morphique. Autrement dit, le Rhinocéros est un
mouton dont la cuirasse est mobile et le courage immobile
comme peut nous l'assurer, avec prudence, Gibraltar.

Je tiens à spécifier ici, pour l'avantage numérique d'une
race en extinction, que le Rhinocéros à queue argentée ne
fait partie intégrante d'aucun parti, car on doit toujours
le considérer comme une espèce de tout.

RHINO

Ceci dit, vous souviens-toi, mon très cher électorat, que le
24 juin 1969, lors de notre fête bien-aimée, et au moment où
défilait la statue de notre patron et symbole national, vous
souviens-tu encore qu'un héros d'une espèce rarement
reconnaissable, bousculant le char allégorique de notre
saint Jean-Baptiste, fit tomber sa tête dans une mare de
sirop d'érable et la brandit haut les mains en guise de
trophée, pensant passer à l'histoire. Ce qui est fait. Mais
comment peut-on honorer un patron national décapité?
Bien que nous ne soyons pas dignes de délier la courroie
d'un saint, et encore moins de porter ses chaussures et
encore moins de porter sa tête auréolée, il va de soi que
la fête des Kébékois et des kébékoises
s'appellera désormais et à jamais: la Saint-Toulmond.

Nous pouvons maintenant, sans plus tarder, entamer la
première pointe de cette tarte à la crème sure qu'est
la constitution primordiale de notre discours électoral.
Je proclame donc immédiatement que la porte rouge de la
chambre des communes, qui est à proximité de la chambre
des lards, sera fermée à jamais, afin que le divorce
entre la haute gomme du Canada et la basse guimauve du
Canada soit enfin consommé dans la chambre noire de
notre mémoire ancestrale. Car le ciment qui devait unir
nos solitudes n'a pas poigné.
La clé de cette découverte historique ouvrira, d'un seul
gond, la porte de l'avenir à tous ceux qui n'auront pas
le quorum absolu lors de la constitution du Kébèk comme
pays ne dépendant que de sa souveraineté.

Et enfin pourrons-nous dire que nous commençons d'avoir
une vue générale sur l'ensemble de notre totalité.

RHIN

Mais avant de proclamer ma publicité rhinocérare et rienne,
voici un message de votre mandataire exécutif commenté par
les commanditaires les plus vainqueurs de la consommation:

Lorsque les chiens de Pavlov se mordront demain la queue,
la politique des systèmes de communication établira une
cotte de mailles aux réflexes de l'intérêt public, lequel
est actuellement réduit à 10 % de sa valeur hypothécaire.
Il va de soi qu'un peuple hypothéqué, de sa grand-mère à
son enfance, ne peut en aucun temps relever le défi de se
faire élire au Parlement et ceci, je vous le dis en toute
connaissance de cause, car la poésie a foutu le camp de nos
gouvernements, non seulement par terre, mais dans tous
les airs qu'il est encore possible de chanter, quand on
veut gagner ses élections, sans perdre la face du monde.

Ainsi donc et en guise de première promesse faisant partie
des 333 que déporte mon programme dans votre choix de
libérer un siège à la fédération des assemblées, pour un
parti qui ne part jamais pour la gloire avant d'avoir
acheté tous les votes de son électorat en échange d'un
discours pareil qui n'a d'égal que la charge de l'orignal
impoignable, ainsi donc, étant donné que le Rhinocéros ne
craint aucun autre animal, fût-il un humanoïde, il est
désormais dit, vu et entendu que, de manière à ne jamais
le confondre avec n'importe quel autre parti fédéral,
toute la race humaine considère le Rhinocéros comme un
tout qui n'aura jamais de parti. Car c'est à partir d'un
parti pris stratégique que le Tout Rhinocéros opérera
ses fonctions principales, lesquelles auront pour effet
facilement comptable la réduction simultanée de toutes
les taxes, sauf une et une seule: la taxe sur les taxis.

RHI

Car, comme vous vous en doutez, seuls ceux et celles qui
assisteront aux assemblées politiques seront reconduits
et reconduites à leurs quartiers généraux en autobus
scolarisés. Pour votre sécurité et votre information, le
taxi ne pourra vous emmener aux urnes qu'à une condition
et cette condition est que vous empruntiez la voie d'une
coopérative dont le syndicat n'est pas affilié au lourd
véhicule qu'est le partenariat patronal.

À cet effet, le Tout Rhinocéros installera à chaque coin
de rue de la circoncision de Longueuil des urnes lucides
et protégées des intempéries par des parapluies clairs,
transparents et insonorisés, urnes dans lesquelles tous
les citoyens et toutes les citoyennes qui ont à cœur et
à raison l'évolution de l'espèce électorale pourront
déposer en espèces sonnantes toutes les taxes que leur
bon vouloir aura sur la conscience politique nationale.
Cette mesure protectionniste permettra enfin à tous les
électeurs et électrices en quête de pots-de-vin de
cueillir, à même ce fonds mutuel, tous les argents
nécessaires à la bonne conduite de leurs activités
journalières. Imaginez pendant quelques instants au
moins l'économie qu'une telle redistribution spontanée
des ressources du fisc fera faire à l'État!

RH

Mes très chers électeurs et électrices, je vous entends
penser très clairement et très sincèrement ce que je pense
de la politique. Et c'est pourquoi ma deuxième promesse
sera inaltérable. Elle consiste dans la création immédiate
du ministère de la Déparlure dont le vocabulaire synthétique
analysera les différents paramètres des cerveaux gauche et
droit du Tout Rhinocéros actuellement dans la course à la
convergence de ses effectifs vers un seul but: détaxer.

Étant donné que le Tout Rhinocéros, d'un seul coup de sa
corne dans le pôle Nord de la Terre, va la projeter dans
la course vers son abondance, je propose que tous les
politiciens soient injectés dans la rhinosphère et qu'ils
soient traités aux rayons thêta, des oreilles aux orteils,
de manière à ce qu'ils ne puissent plus encombrer les
couloirs du lobbying auprès de la démocratie. Bref, comme
je vous le dirai plus tard, toute parole émanant de la
bouche des politiciens sera taxable au profit du peuple et
les intérêts que l'on escompte d'une telle mesure radicale
sont aussi innombrables que les étoiles nues dans le ciel.

Car, étant donné que les étoiles de la politique causent
des désastres incalculables dus à la surenchère de leurs
connaissances cérébrales, je propose que des monitrices
préscolaires leur apprennent à désapprendre tous les
tics qui ont cristallisé leurs comportements d'adultes
invétérés, en leur offrant une cure d'illumination dans
le giron des nébuleuses, et que pendant ce long temps
d'hibernation dans les livres secrets de l'Univers, tous
leurs appartements et toutes leurs possessions soient
infectées de TTDDT, ceci dans le but d'arriver une fois
pour toutes à l'extinction des parasites d'une société
où Toulmond paie des taxes pour maintenir la pollution
de la pensée bureaucrate dans les montagnes habitées des
buildings dont la souvenance ancestrale nous permettrait
de les sentir comme des plaines en chaleur.

R

Étant donné que les ressources naturelles ont leur réplique
artificielle dans les budgets de l'énergie électrique et
que le cerveau planétaire fonctionne à l'énergie nucléaire,
je propose, comme je le disais hier, que notre Soleil soit
partagé en autant de parties qu'il y a de totalités vivant
sur la Terre et qu'on en finisse une fois pour toutes avec
la territorialité terrorisante des frontières de l'espace.
Car la démocratie prônée par le Tout Rhinocéros redonne à
chacun et à chacune l'égalité absolue sous le même Soleil.
C'est ainsi que nous abolirons définitivement toutes les
taxes d'amusement.

Étant donné que la Terre est déjà divisée en continents et
pays et que cette division ne correspond pas aux droits de
l'homme et encore moins à ceux de la femme, je propose que
la Terre soit partagée en autant de lopins qu'il y a encore
d'humains sur la planète et que toutes les clôtures en
bois, en broche, en fer à cheval ou en or soient
électrocutées sur le champ électoral. C'est ainsi que nous
dédouanerons toutes les allées de toutes les venues qui ne
sont pas bienvenues sous le sein de notre abondance.

Étant donné que les océans font un blocus intercontinental
à la communication entre les terres fermes, je propose que
tous les enfants vident la mer dans la petite faille des
plaques tectoniques et que la fonte des glaciers polarise
les contacts internationaux de manière à désoccidentaliser
l'orientation actuelle des actuaires dont les cours de
rattrapage auprès de leurs enfants feront faire un bond
de gazelle aux crapauds de la finance.

HR

Étant donné que la lumière, le feu, l'air et l'eau sont en raréfaction sur la Terre, à cause des intempéries cycliques des écosystèmes non recyclables qui empestent de plus en plus les programmes reportés aux calendes grecques, dans l'agenda des priorités devant relever l'économie urbaine, je propose, au moins une fois par semaine, au caucus des quarante-douze échevins chauves de mon quartier, de même qu'aux vingt-treize maires des agglomérations urbaines, de faire la chaîne autour de leur rôle respectif et de monter des usines d'encannage d'air frais en provenance des vertes montagnes. De plus, en option bénévole pendant les fins de semaine, je suggère que les pipelines d'eau de source mûre qui abreuvent les prairies lointaines fassent des arrêts volontaires dans les fontaines publiques et soient toujours sous la juridiction des députés assermentés à cette soif de leur comté. Il est entendu que tout politicien dont la main sera prise dans un sac de fraude ne pourra se disculper devant ses pairs et devant les maires qu'à la condition de masquer le porte-gaz de ses mensonges, ceci dans le but de ne pas incinérer les intentions de vote de son secteur tout en purifiant son haleine à la menthe avant de haleter son discours politique. Finalement, toute politique partisane dont on ne pourra percevoir le scintillement dans le miroir kaléidoscopique d'un flocon de neige sera frappée d'une fin de non-recevoir que seul le feu d'une passion amoureuse et véritable pourra rescaper.

Très honorable électorat, je vous vois dépenser l'énergie de vos ressources intellectuelles, dont le déficit ne sera zéroté que lorsque l'on assistera à l'abolition des villes comptant plus de 33 333 habitants. C'est ainsi que, dans les jardins de l'espace mental, vous élirez domicile à frais fixes, à l'abri des fluctuations du marché mondial et des cotes de la bourse. Car, comme je vous le dirai demain, le rayonnement des multinationales coûte à notre société un impôt qui rehausse la dette nationale, maintenant cosmique.

IHR

Étant donné que, aux quatre coins cardinaux, de l'équateur aux pôles de tous les scrutins, l'équilibre neurologique est menacé de miniaturisation, je propose que les rois et les présidents, les ministres et les députés, de même que tous les candidats et toutes les candidates à toute nomination, limitent la croissance de leurs plans de relance au secteur de l'industrie textile pour favoriser la fabrication légale d'un tissu social dont les neurones en acier inoxydable et journellement polis l'un envers l'autre établiront surtout la synchronisation des hémisphères occidental et oriental, en catapultant l'évolution des peuples développés et en voie de l'être vers l'autonomie gouvernementale fondée sur une croissance exponentielle de l'or vert.

Étant donné que le temps de travail diminue avec le salaire et que le prolétariat du chômage assistera bientôt à la socialisation de tous les fonctionnaires libres dont les États ne seront monnayables que lorsque nous aurons demain automatisé toutes les grappes industrielles responsables de la transformation systémique des fractales du code génétique des électeurs et des électrices, grâce à de douces injections intraveineuses et quotidiennes d'eau d'érable, dont la bonne pasteurisation fera disparaître à jamais tous les réflexes du système aérobique et transdescendantal qu'emprunte encore le virus du mal-être, alors et alors seulement, la culture des loisirs pourra proliférer comme un microbe intelligent et alors aussi la détaxation de la nature intrinsèque de l'électorat fera frémir toutes les fourmis qui tenteront de s'attaquer à notre plan de société. Tout ce qui suit est tout comme ce qui est venu. Et parce que vous me suivez, nous le ferons et nous le ferons ensemble et ce, sans jamais taxer ce que cette mise en marche pourra coûter à l'état de grâce dans lequel nous baignerons toutes et tous, car nous avons vu se lever la pointe de l'iceberg d'un monde nouveau et nous avons entendu la voix profonde qui submerge le silence de nos cris.

NIHR

Étant donné que les espaces libres en ville sont occupés par
des no parking et que les vers de fer qui achalandent les
rampes du métro n'ont pas de congestions circulatoires, le
ministère des Transports, sous la tutelle du Tout Rhinocéros
et sous l'aile du Peuple, empruntera les voies souterraines
et libérera les galeries intérieures, tapissant les plafonds
de firmaments étoilés sous les regards ébarlouis des mineurs
et des pédestres pèlerins. Par cette clause exclusive nous
entendons la réouverture des pistes cyclables et la marche à
pieds nus dans toutes les artères de la ville. Nous et nous
seuls prendrons soin de dérouler les trottoirs de verdure,
tondus sous contrat social tous les vendredis de la semaine
ouvrière. C'est ainsi que la nature retrouvera son droit de
cité et que le défaut des villes de n'être pas à la campagne
sera taxé de désuet.

Étant donné que des ambiguïtés se sont soudain glissées dans
l'interprétation des symboles représentant l'identité des
différentes nations qui colorent les drapeaux de la planète,
le Tout Rhinocéros, dans un effort d'unification ultime et
de pacification intime de tous les peuples, réinventera le
drapeau blanc, dans le but de stimuler le droit de voyage
sur toute la Terre et avec l'intention formelle de détaxer
le passeport international des Kébékois et Kébékoises dans
tous les comtés, villes, rues et ruelles d'un pays dont la
culture sera naturalisée.

Étant donné que le budget alloué à la militarisation des
pays en vue de leur accession au nucléaire déborde chaque
fois qu'un politicien peureux est aspiré par la pollution
du pouvoir, le Tout Rhinocéros, de concert et en canon avec
tous les hommes et toutes les femmes de bonne volonté, fera
fondre l'arsenal de la haine dans la marmite de l'amnésie
et le remplacera par le bombardement joyeux de 6 000 000 000
de graines de maïs, soufflées à l'hélium de notre espérance.

ONIHR

Étant donné que le ciel va nous tomber sur la tête de la Terre et que la pensée des chefs d'État est actuellement en captivité dans des capsules formolisées tenues sous clé par les comités paritaires, le Tout Rhinocéros, dans un effort ultime d'accréditation de son programme électoral, arrive encore ici comme un cheval de Troie sur la soupe politique, dans le but d'intensifier le courant d'air frais dans les couloirs médiatiques d'ailleurs branchés sur les circuits cathodiques les plus connus de la presse électronique dont la ventilation est malheureusement encore trop climatisée. L'intention ferme, et pourtant ouverte, du Tout Rhinocéros pour contrer l'inflation galopante de la mémoire des pixels au cœur froid des ordinateurs compatibles, actuellement aux prises avec le courant alternatif que nécessite le rapide déchiffrement des pourcentages exorbitants des dividendes de la TPS et de la TVQ, l'intention du Tout Rhinocéros, dis-je, est d'implanter, juste à côté des urnes totalement détaxées, des boîtes noires, insonores et inodores, dans lesquelles tous les comptables de l'impôt pourront faire une cure de parfait silence, accompagnés de leurs calculatrices et de leurs logiciels préférés. Ce lavage systémique des cerveaux électroniques et anatomiques verra s'ouvrir la porte d'une ère nouvelle pour les penseurs dont la matière grise, trop surchargée de données aléatoires, pourra enfin se reposer en donnant à la réalité économique un rêve à la mesure de ses besoins substantiels. Le Tout Rhinocéros rendra libre l'accès à ces cocons de privation sensorielle dans l'espoir d'exciter la créativité spontanée de ceux qui ne pensent pas assez comme de ceux qui pensent trop.

CONIHR

Étant donné que les capitales bancaires monopolysent
les guichets automatiques et que les cultivateurs attendent
leur pension de retraite précoce, entre deux cueillettes de
blé d'Inde sucré, et pendant que la vache à lait fédérale
tarit le flot jadis ineffable de ses longues compensations
judiciaires, le Tout Rhinocéros propose une fois de plus que
les bases gouvernementales du progrès soient assises bien
au chaud, dans le bien-être social d'une grève générale dont
les idéaux, comme des flèches lancées dans le ciel endormi
à la poursuite des perséides, visent à augmenter le taux de
chômage des étoiles filantes de l'azur politique de manière à
stabiliser l'état de santé actuellement précaire et prévu de
la surconsommation planétarisée, laquelle égale sans doute
la saturation des marchés mondiaux, grâce à ces publicités
de guimauve, dont les revenus sont encaissés sans intérêt
public.

C'est vous et moi, mon seul électorat crédible, qui ferons
jaillir des fontaines de la place publique le geyser de nos
plans de sociétés futuribles et futurables. Car, il est sûr
et certain qu'une gestion des ressources humaines se devra
d'être planifiée, non seulement dans le court terme, mais
surtout et avant tout, dans la vision d'un terme assez long,
pour que nous puissions franchir ensemble la ligne ouverte
d'un départ dont le pistolet verbal de cette conférence
aura donné le signal horaire, et que tous gens en poste
dans cette circonscription en entendent résolument le si
merveilleux timbre.

ÈCONIHR

Étant donné que tous les minéraux, tous les végétaux, tous les animaux, tous les humains n'appartiendront jamais au fédéral et encore moins au provincial, mais leur sont prêtés sans intérêt par la nature qui ne souhaite qu'une ouverture à son expansion universelle et que cet engagement consiste à lui prêter, dès l'aurore, le serment d'amour inconditionnel pour tout ce qui respire sur Terre, dans le ciel et dans les eaux, le Tout Rhinocéros propose que toutes les banques du monde entier distribuent également leurs argents et leurs bons de valeur intrinsèque à tous ceux et à toutes celles qui ne comptent plus sur les banques pour payer leur loyer. Ceci, afin de castrer les émanations de chlore et de gaz profane lesquels sont, à votre connaissance, deux gaz très mortaux, dont notre système respiratoire doit s'échapper. C'est ainsi que la démocratie nouvelle émergera à jamais de ces actions fiduciaires, grâce à l'élimination totale et instantanée des valeurs d'achat et des valeurs de vente actuellement stockées dans les bureaux de libre échange dont les traiteurs sont des asthmatiques bureaucratisés. Une telle mesure de sécurité internationale garantira le produit national brut, qui ne sera plus sous le contrôle d'une brutale mafia dont les tentacules embrassent tous les secteurs des activités humaines juchées sur les perchoirs des gratte-ciel de la haute finance.

RÈCONIHR

Étant donné que la plupart des travailleurs et qu'une très
forte majorité des travailleuses ne profitent pas encore
du portefeuille des profits et que la marge fiscale échappe
à leur gestion, le Tout Rhinocéros, juste à côté des urnes
détaxables et des boîtes de silence antiseptique, fera enfin
jaillir des fontaines de jus d'orange frais auxquelles vous
ne manquerez pas, j'en suis déjà sucré, de venir chaque jour
abreuver votre soif de démocratie heureuse dont le sourire
sera le signe de reconnaissance le plus simple et le mieux
partagé sous l'abri fiscal d'un travail qui en vaut vraiment
le plaisir et dont le salaire est la faim définitive d'un
changement de société inaltérable.

ORÈCONIHR

C'est ainsi, mes très chères électrices et mes très chers électeurs, que les élections du Tout Rhinocéros, ici, ce soir, et durant les fins de semaine fériées, ne coûteront vraiment pas cher.
Car, je vous le dis et ne vous le redirai jamais plus: la richesse et la pauvreté seront définitivement irradiées par notre accession collective au seul véritable pouvoir, c'est-à-dire le pouvoir de vouloir savoir être au pouvoir de soi.

SORÈCONIHR

Enfin, et en guise d'introduction au discours que plus tard je prononcerai pour maintenir mon avance électorale à la suite royale de celui-ci, mon seul souhait, en cette courte et merveilleuse période estivale, dans laquelle notre Tout Rhinocéros danse sa jubilance au milieu des rues et des ruelles d'une civilisation en voie d'apparition, mon seul souhait, dirai-je, est que tous les rhinocérosophiles, ici présents, gazouillent au pluriel, des oreilles aux orteils, et fassent flotter toutes leurs molécules de plaisir, de bonheur et de joie, car les grands s'abaisseront bientôt à la hauteur des petits et les petits s'élèveront à la hauteur des grands et les deux se hisseront, sur les estrades de la place du Peuple du Kébèk, à la hauteur de leur humanité.

Notre mot de passe, celui-là seul dont nous devons et dont nous voulons nous souvenir, ce mot qui peuplera désormais notre rêve populaire, ce mot je vous l'entends et je vous le vois vivre à la face du monde, et cela me touche au plus profond de mon cœur et de mon âme, ce mot je vous le dirai la prochaine fois que nous serons à la porte de ce pays dont nous sommes la serrure et la clé, ce mot nous le chanterons d'une voix dont l'écho fera frémir de concupiscence et de pure admiration tous les grands de tous les continents, et certainement aussi le Parlement de l'autre solitude, car ce mot nous le chanterons à chaque fois que nous serons encore ENSEMBLE.

Ensemble

OUI

LA MONTAGNE

Ensemble sur la montagne nous sommes montés
pour contempler la splendeur du fleuve bien-aimé
qui abreuve nos rêves et réalités

Nous sommes ce fleuve vivante immensité
qui remonte le courant de sa fière histoire
pour s'abreuver à la source de sa souvenance
et soulever la vague de son espérance
qui est pourtant encore comme la mer à boire

C'est en chantant notre appel à la liberté
que nous sommes montés ensemble jusqu'ici
afin de contempler l'horizon du futur
d'un peuple dont la pensée est maintenant mûre
pour fêter la richesse de sa différence
et déclarer clairement son identité
à partir de tout ce qui lui est ressemblance
avant de réclamer sa souveraineté
et de protéger son droit de ne s'associer
qu'avec ceux qui accepteront de respecter
cette différence qui fait de nous un pays
capable de relever le plus grand des défis
le défi de se reconnaître au son de sa voix
le défi de faire reconnaître cette voix
cette voix toujours si unique en Amérique
cette voix dont l'écho trace une voie unique
dans le parcours des peuples de l'humanité

CHACUN DE NOUS

Nous sommes montés sur la montagne de l'espoir
juste pour voir ensemble s'il nous reste mémoire
juste pour être ensemble afin de célébrer
la joie de partager les beautés du pays
pour parler tout simplement de la vie
et se raconter aussi le fond de nos pensées

Ensemble sur la montagne nous sommes montés
pour contempler la splendeur du fleuve bien-aimé
qui abreuve nos rêves et réalités

Ensemble nous sommes arrivés sur le sommet
de la montagne de notre histoire pour entonner
dans la langue du Kébèk un hymne à mille couplets
où il est dit que nous sommes de plus en plus près
les uns des autres et aussi de plus en plus prêts
à reprendre en chœur ce refrain qui nous unit
et qui ouvre nos cœurs à l'amour du pays

CHACUN ET CHACUNE DE NOUS
EST LE VRAI PAYS DU KÉBÈK
CHAQUE KÉBÉKOISE CHAQUE KÉBÉKOIS
LAISSE ENTENDRE SA LIBERTÉ DANS SA VOIX

MADE IN KÉBÈK

Le pays est fait de nos chairs et de nos sangs
Nous sommes son écorce et sa sève
Chacun chacune de nous est made in Kébèk
Chacun chacune de nous est un pays à découvrir

Le pays est fait de nos âmes et de nos pensées
Nous sommes ses fleurs et ses fruits
Chacun chacune de nous est made in Kébèk
Chacun chacune de nous est un pays à inventer

Le pays est fait à la main
Les forêts de noms et prénoms
que portent les habitants du fleuve
sont les couplets et refrains de cette chanson

Le pays est fait de nos os et de nos muscles
Nous sommes ses branches et ses racines
Chacun chacune de nous est made in Kébèk
Chacun chacune de nous est un pays à bâtir

Le pays est fait de nos voix et de nos ouïes
Nous sommes son écho et son radar
Chacun chacune de nous est made in Kébèk
Chacun chacune de nous est un pays à libérer

Le pays est fait à la main
Les forêts de noms et prénoms
que portent les habitants du fleuve
sont les couplets et refrains de cette chanson

J'ai grande envie de nous connaître
savoir ce qui se passe dans notre tête
toucher le cœur de notre vie
sentir ce que l'on fait ici

HYMNE AU KÉBÈK

Aujourd'hui mon voisin d'homme est venu pour me dire
qu'il avait donc bien fait de ne pas vendre la terre
que son vieux père lui a léguée pour la vie

Il m'a dit de planter clôture autour de mon terrain vague
pour mettre un stop aux vaches qui ont steppette aux pattes
et mangeraient les carottes de mon jardin vert

À un mille de ma maison une frontière sépare États et Canada
Kébèk et Ontario Français et Anglais
Toulmond Toulmond Toulmond

Je croyais que la Terre et les fruits de ce monde
appartenaient à Toulmond et qu'un même Soleil
faisait fleurir tous les jardins du monde

Mais pourquoi cette misère avant que toute la Terre
ne fasse qu'un pays le plus grand de tous les pays
celui de l'homme en harmonie avec l'homme

Ô avant que ce rêve ne transforme les peuples
il faudrait commencer par nous communiquer
la volonté de vivre ensemble au Kébèk

On n'est pas un petit peuple quand on monte en amour vrai
avec tout le pays avec toute la vie
On est unis à la mort et à la vie

On devient un grand peuple quand on est heureux et libres
de vivre en notre langue avec science et conscience
en attendant la langue totale pour Toulmond

On n'est pas une province mais un pays d'avenir et vivant
et beau comme arc-en-ciel au-dessus des sapins
et au-dessus des oiseaux libres du Kébèk

DEUXIÈME SOUFFLE

Allô Kébèk fleurdelisé
Je me souviens encore
Tu es toujours mon amour
Tu chantes en mon cœur liberté

453 ans à parler le français
Même à 46 %
Kébèk je t'aime et en français

Nous sommes notre histoire
Chacun de nous est une histoire d'amour
Y croire c'est pouvoir trouver ensemble
un deuxième souffle d'amour

La mémoire de notre culture c'est de prévoir le futur
Le Kébèk est un passage vers un royaume à notre image

L'histoire est l'écho de nos rêves
Au troisième millénaire ferons-nous l'amour en français
mais toutes nos affaires en anglais

Nous sommes notre histoire
Chacun de nous est un Kébèk vivant
Y croire c'est pouvoir trouver ensemble
un deuxième souffle à temps

On est uniques
On est uniques en Amérique
On est ouverts
On est ouverts à toute la Terre

Il faut se faire confiance pour dépasser nos différences
Il faut se faire confiance pour partager nos ressemblances

Bonne fête Kébèk on a 453 ans
Kébèk je t'aime et en français OUI

DANS MA PEAU DE PEUPLE

Il faut le sentir dans son sang
se lever comme soleil vivant
ou comme l'amour quand il nous prend
et nous élève avec le temps

Il faut l'avoir dedans la peau
avoir le goût de l'embrasser
dire et chanter son nom tout haut
et le chérir de ses pensées

Le Kébèk
c'est le cœur qui bat dans un peuple
c'est un peuple qui se ressemble
c'est un peuple qui se rassemble
pour fêter la démocratie

Je sens dans la peau de mon peuple
vibrer la voix de Papineau
Je suis l'écho et à jamais
d'un peuple qui vit en français

J'entends toutes les voix du pays
résonner jusqu'au bout du monde
appeler sa vraie destinée
réinventer sa liberté

Le Kébèk
c'est le cœur qui bat dans un peuple
c'est un peuple qui se ressemble
c'est un peuple qui se rassemble
pour fêter la démocratie
Le Kébèk

NOTRE PAYS

Notre pays qu'on voit d'en haut
du haut des airs où tout est clair
c'est un grand bateau
de terre et de misère
amarré à l'Amérique
sur le bord de l'Atlantide

Notre bateau qu'on voit d'en l'air
dans un oiseau aux ailes en fer
c'est un beau saumon de mer
qui veut remonter la rivière
où il est né
pour frayer la liberté

Notre poisson a de la misère
à nager dans la pollution
Il est en prière
et crie qu'on le libère
et qu'il lui pousse des ailes
qu'il aille frayer dans le ciel

Notre pays quittera la terre
en haute mer naviguera
fera un voyage sur les eaux du ciel
dans un pays de silence
où tout est pure transparence

Notre pays c'est un oiseau
qui rame en l'air dans l'Univers
c'est la mer en allée vers la liberté
entraînant les continents vers le pays infini

NOTRE PAYS LE KÉBÈK

Notre pays c'est un bouleau
un beau canot qui va sur l'eau
Il coule en forêt vierge voir les orignaux
les perce-neige du printemps
le chant du vent dans les feuilles

Notre pays est en dedans
un soleil blanc dans notre sang
la chair et les os de la terre des ancêtres
un pays de monde heureux
qui se regarde dans les yeux

Notre pays c'est notre corps
c'est notre esprit c'est notre vie
Dans les yeux de l'amour
on boit les saisons
le soleil de la pensée
le miel de la vérité

Notre pays c'est un passage
vers un royaume à notre image
Il est notre histoire
l'avenir de notre mémoire
Commençons dès aujourd'hui
à nous souvenir du Kébèk

LA MARCHE DU KÉBÈK

«Si on n'a pas le pays qu'il faut,
nous ferons le pays qu'il faudra.
Vive d'avance ce pays indépendant et souverain
que sera le Kébèk de demain.» René Lévesque

Le 17 avril 1982, c'est sous le tonnerre et une pluie
diluvienne que la reine Élizabeth prononce les premiers
mots de son discours et proclame la souveraineté du
Canada.
Pendant ce temps, à Montréal, 35 000 Kébékois et Kébékoises
crient leur refus du Canada Bill et réclament ensemble
leur indépendance, en participant à la Marche du Kébèk.

Le Kébèk est contre le rapatriement de la Constitution.

Toulmond sait que la traîtrise de Trudeau, c'est de semer
la zizanie dans les rangs du Peuple du Kébèk et de démolir
notre sentiment de solidarité. Mais si nous marchons
ensemble aujourd'hui et que notre marche d'amour est une
marche vers le pays que chacun et chacune de nous incarne,
c'est pour nous souvenir de la profondeur de nos racines
et faire monter dans le tronc et dans les branches de notre
arbre Kébèk la sève de l'espérance et pour que le suc de
notre confiance mutuelle fasse éclater les bourgeons de
notre identité en autant de fleurdelisés que l'on peut
compter de Kébékois et de Kébékoises. C'est pour cela
qu'aujourd'hui le Kébèk est un arbre qui marche, un
printemps vivant qui chante:

OUI! OUI! OUI! Vive le Kébèk!

LA PATRIE

Kébékois! Kébékoises! pour qu'il y ait rapatriement, il faut qu'il y ait une patrie. Or, le Canada n'est pas vraiment la patrie que nous chérissons. Êtes-vous d'accord que ce qu'il faut rapatrier d'abord, c'est le Kébèk dans le Kébèk? OUI! Mais pour cela, il faut que chaque Kébékois et chaque Kébékoise monte en amour avec la patrie du Kébèk.

Il y a eu, il y a et il y aura toujours en Amérique du Nord une entité ethnique qui croit dans l'importance capitale de ne jamais avaler sa langue quand vient le temps de crier le OUI! de son identité à la face du monde entier.
Si le Kébèk est encore debout, ici présent à son propre destin, c'est parce qu'il y a eu, qu'il y a et qu'il y aura toujours des Kébékois et des Kébékoises pour croire en la souveraineté et en l'indépendance à faire au Kébèk.

Avant d'aller prendre ensemble notre marche de santé nationale, en faisant flotter le fleurdelisé, il faudrait savoir pourquoi nous marchons. Nous marchons pour crier:

Wo! Wo! Wo! Stop! Trop, c'est trop
Wéziwézo! Wézi au plus tôt

à toutes les déclarations du traître Trudeau et de son troupeau de fédéraux, qui pensent qu'ils nous font un joli cadeau en dépensant des millions pour vanter les mérites d'une nouvelle Constitution qui ne peut pas être et ne sera jamais «notre» Constitution, car elle arrache au Kébèk des droits vitaux pour la protection de notre langue française en terre Kébèk.

Kébékois! Kébékoises! nous marchons pour chanter:

OUI! OUI! OUI! Vive le Kébèk!

À la porte du monde
(De l'argent au kaki)

Si le monde est un rêve
pourquoi pour qui le réaliser
comment le porter
par quelle porte y entrer
par quelle porte en sortir

WO!

Au Château Montébello
les six grands et Trudeau
ont réglé comme des bibelots
le sort du monde à huis clos

Ce sommet économique
n'était pas trop comique
car c'est bien sûr l'Amérique
qui tenait le pôle magnétique

Tout était bien pacifique
mais ce qui n'était pas catholique
c'est que le lendemain le public
recevait une belle grosse brique

Et ça c'est le coup classique
quand l'intérêt grimpe vite au pic
tu as intérêt à avoir du fric
sinon tu coules à pic

Wo! Wo! Wo! Stop! Trop c'est trop
Wéziwézo! Wézi au plus tôt
Parce que tantôt en dessous de ton chapeau
ça ne sera pas très beau

WÉZI!

Quand tu vas payer ta livre de beurre
9,89 $
tu as besoin d'avoir un succès bœuf
avec tes choux-fleurs

Quand pour remplir ta grosse tank à gaz
tu travailleras une semaine
tu ne siffleras peut-être plus du jazz
en flattant ta bedaine

Quand il te faudra payer
pour travailler à l'usine
à la vitesse d'une machine
ou tu seras disqualifié

Quand Toulmond sera en chômage
que patrons et travailleurs
n'attendront que les messages
du boss des ordinateurs

Wo! Wo! Wo! Stop! Trop c'est trop
Wéziwézo! Wézi au plus tôt
Parce que tantôt en dessous de ton chapeau
ça ne sera pas très beau

WÉZIWÉZO!

Penses-tu que l'ère des robots
va guérir tous nos bobos
Penses-tu que l'âge du Verseau
va nous sortir du chaos

Penses-tu que les gros robots
vont faire mieux notre boulot
Et pendant qu'on va faire dodo
nous jouer du piano dans le dos

Penses-tu que les ordinateurs en jabot
vont échanger des propos en écoutant du disco
ou bien du Rameau tout en riant dans notre dos
se changer en bourreaux en gelant nos cerveaux
dans les frigos de leurs labos

Penses-tu que les robots vont suer des sanglots
en faire de l'or en lingots
et faire des dépôts au plus haut taux
dans notre compte en banque et payer tous nos impôts

Penses-tu que le président des robots en toxédo
va découper le gâteau
en 6 000 000 000 de morceaux
et enfin lever le rideau
sur un monde plus beau

On est tous au bout du rouleau
Il faut repartir à 0

Wo! Wo! Wo! Stop! Trop c'est trop
Wéziwézo! Wézi au plus tôt

CRASH A

Voici le blues de l'inflation
la toune de la piastre qui brûle dans les mains
C'est la rançon de toutes nos illusions blanches
Toulmond veut tout avoir
sans rien savoir du prix de la vie
Toulmond est sur le trottoir
avec son histoire
C'est le règne de la matière
Le pouvoir a pété toutes les lumières
C'est le crash

On a perdu le soleil intérieur
qui ne coûte rien
On a vendu notre vérité
pour un petit pain
Nos yeux nos mains nos pieds
tous nos moyens
On est tout seuls sur le marché noir
On n'a même plus de valeur de change

Quand est-ce qu'on va exploiter
l'abondance du dedans
Le capital humain
vaut bien plus que de l'argent

Quand est-ce qu'on va cesser
la folie de nous vendre
et nous donner comme des enfants

Aux cotes de la bourse
Kébèk: sold out

LA MÉCANIQUE

Voici le blues de la mécanique
la toune de la roue
qui tourne dans le beurre
C'est le grand rush
et la publicité est croche
Toulmond est automate
Dans les manufactures d'hommes
Toulmond au maximum
Il faut que ça runne

C'est le beat des compresseurs
et le stress a foqué tout notre bonheur
C'est le crash!

On a gagné des maisons
en papier bien mâché
On a acheté notre liberté et nos pensées
Nos mots nos muscles notre sexe
notre cerveau toutes nos sueurs
On est de la viande ouvrière
On va se noyer dans notre petite bière
Où est-ce qu'on va retrouver la richesse de la vie
le paradis perdu en plein milieu de la rue

Où est-ce qu'on va commencer de construire un monde
où le Soleil est gratis pour Toulmond

Voie lactée diététique soluble dans votre café:
1/3 de cenne la pinte. Miel d'aurores boréales:
1/33 de cenne le pot de 33 livres.
Croissants de lune au sarrasin: 3 pour
1/333 de cenne. Levers de soleil
à l'essence naturelle: 1 cenne chacun ou 3 pour
3 cennes en cannette écologique seulement.
Achetez! Achetez! Achetez donc

CHAOS

Cacophonie! Le chaos de cris qui éclatent
C'est la folie! Ça gémit à 100 000 kilowatts
Démocratie. C'est tout le temps des hommes qui se battent
La poésie va tirer ses plus grosses tomates

Toutes les races humaines se déchiquètent
tout le tour de la planète
pour une galette se donnent des jambettes
et des coups de fourchette
Tous les pique-assiette ne mangent que les miettes
parce qu'ils ont trop de dettes
Et Toulmond végète cherche la recette en cas de disette
Il y en a qui jappent devant la nappe
de ceux qui les happent
Mais il y en a d'autres qui frappent
ceux qu'ils attrapent partout sur la map

De l'autre bord de la médaille
des soleils aux ailes blanches

Dans les Amériques les fabriques
de briques identiques
bâtissent des cliniques où le chimique
guérit tous les tics
Ça prend beaucoup de watts
pour qu'ils se dilatent la rate quand c'est plate
Lâche pas la patate
attache tes pattes avec ta cravate

L'ange a un habit de bête
et ça sonne fort dans la tête

K.-O.

C'est la thérapeutique qui n'est pas socratique
Plein de chocs électriques branchés sur le public
pour qu'on lui communique toutes les nouvelles techniques
de l'aile psychiatrique qui connaît la gamique

Et c'est la maïeutique dans le code génétique
lavage neuronique aux pilules pharmaceutiques
produits synthétiques automatiques
pour changer la mimique de notre politique

Et la politique se paie des statistiques
pour que ses pronostics ne changent pas le code civique
C'est sa mécanique qui fait marcher le cirque
Tout est bureaucratique au coke carbonique
Tous les rêves chimériques se trouvent dans les boutiques
Flacons de narcotiques qui rendent métaphysique

C'est l'ère de la cybernétique vers l'apocalyptique
C'est l'envolée dans le cosmique vers le préhistorique

Il y a tout le temps deux côtés
le rêve et la réalité
mais il faut faire du deux dans un
pour réaliser le rêve commun

Il y a tout le temps deux côtés
la justice des socialistes
la liberté capitaliste
mais les deux sont débalancés
Les riches de l'Ouest les pauvres de l'Est
les patrons et les ouvriers
Il faut que Toulmond puisse souffler
ensemble et chacun de son côté
Quand le système sera devenu amour
la société sera bien consommée

JEUNESSE

Ni gauche ni droite ni bas ni haut
J'ai le cœur au centre et puis tout le tour
Je n'ai pas de frontière dans mon cerveau

Ma drogue à moi c'est de faire l'amour
L'amour de la vie j'ai ça dans le sang
Je me sens vivant à 100 %
Quand je me sens bien dedans ma peau
et dans la tienne tout autant
je rock'n'rêve sur le tempo de la tendresse
je fonce partout dans le bonheur
à la vitesse de ma jeunesse

À la vitesse de ma jeunesse
ça roule plus vite dans mon cerveau
que sur les roues de ma moto
Le vent me fesse et me caresse
Je fonce partout dans mes désirs
à la vitesse de l'avenir

Je sais où je m'en vais et ça presse
J'ai un plan j'ai une vision panoramique
Dans l'aventure de l'évolution ce qui m'intéresse
c'est de ne pas déraper dans le virage technologique

ROCK'N'RÊVE

Je rock'n'rêve d'une politique magnétique
où l'on se touche sans résistance
où chacun se met en confiance
à la vitesse de sa conscience

Je rock'n'rêve à la vitesse de ma jeunesse
La jeunesse est la richesse de l'espèce
Je roule seul sur ma moto
Là où je vais le monde est beau

Je rock'n'rêve d'un monde pacifique
où personne n'est une mécanique
Je rock'n'rêve d'un monde politique
érotique libre et en musique

RÊVE'N'ROCK

Sur l'autoroute de l'espoir
on échange de chauds rapports humains
on n'a pas peur de se laisser voir
Chacun échange l'énergie
de son heureuse autonomie
On casse les chaînes de la peur
qui bloque notre pouvoir créateur

Sur l'autoroute de l'évolution
il faut dépasser nos différences
pour rencontrer nos ressemblances
La matière grise de notre jeunesse
est la banque de notre économie
Il faut que nos pensées
prennent l'air pur du futur
Ce qui nous foque ce qui nous dérock
c'est de piétiner dans l'habitude
et de n'avancer qu'en solitude
Il faut rêver chacun son rêve
et le vivre les yeux ouverts

Dans notre voyage vers l'avenir
on est présents à chaque instant
On voyage d'abord en dedans
On prend le temps de se connecter
On s'arrête pour s'embrasser
On est branchés pour accoupler
nos raisons et nos émotions
L'amour fait vibrer nos natures
La culture est une conspiration
On a branché l'ordinateur
sur le cerveau de notre cœur
On est des synthétiseurs numériques
programmés pour une conscience planétaire
pour faire tourner la Terre
à la vitesse de notre jeunesse pacifique

SALVADOR

Ô campesinos! Ô campaneros
Ô el pueblo! Ô El Salvador

Qui donc sur cette Terre est le propriétaire des hommes
Qui donc est ce surhomme qui prend pour bêtes de somme
des millions d'hommes de femmes et d'enfants

Le café noir qu'on consomme
est noir du sang des hommes qu'on abandonne
Le Sud sucre le Nord
Combien de morts dans nos consciences

Hier c'était mon père
demain ce sera ma mère mon frère
Aujourd'hui c'est ma sœur mon enfant mon bonheur
tous ceux que j'aime
partis pour toute la nuit combattre jusqu'au jour
pour que je sème
Disparues mes amours et mon cœur tremble

Au secours! La Terre est à Toulmond
Au Salvador c'est l'enfer de la guerre

À chaque frère qu'on enterre c'est l'espoir qu'on déterre
Nos terres sont minées il faut les désamorcer
avoir la dignité de tout recommencer
faire pousser le maïs faire éclater la paix

Au secours! Tout ce que l'homme fait à l'homme
c'est à moi et à toi qu'il le fait
Au secours! Tout ce que l'homme fait aux femmes
ce sont nos enfants qui le saignent dans leurs âmes

QUEREMOS LA PAZ NOUS VOULONS LA PAIX
QUEREMOS LA PAZ NOUS VOULONS LA PAIX

AU SECOURS!

Oui c'est nous qui soufflons le maïs de vos cinémas
Mais nous sommes au coton de servir le café à l'indifférence
Avez-vous vu flamber nos yeux dans votre café
nos grands yeux rouges
Nos cris n'ont de réponse que votre silence

Au secours! Toulmond a le sang rouge
Au secours! Au Salvador c'est de la lave qui bouge
Nous soufflons sur les braises de toutes nos espérances
Nous voulons des vacances pour travailler à l'aise
à planter l'abondance au cœur de la poudrière
Désarmorçons la guerre pour que la Terre mange

Au secours! Vous avez empoisonné nos puits
détruit l'abri où vivent nos parents et amis
Vous avez dévisagé nos pères
violé nos mères et nos sœurs aussi

Au secours! Vous avez introduit
dans nos anus le canon de vos fusils
Quatorze balles dans la tête
c'est bien assez pour se reposer
Vous avez assassiné la démocratie
Vous avez décapité notre dignité

L'Univers tout entier se souviendra de vous

QUEREMOS LA PAZ NOUS VOULONS LA PAIX
QUEREMOS LA PAZ NOUS VOULONS LA PAIX

LA PAZ

Si l'amour de la vie est l'arme contre la mort
au décompte des morts qui donc est le plus fort
Pourquoi tous ces Rambos qui écrivent leurs noms
sur les murs de la régression
trempant leurs doigts dans le sang de nos enfants
Pourquoi pas des crayons à la place des canons
pour dessiner le mot «maison»
donner des rêves de moissons à nos enfants

Faites manger à vos ordinateurs
la tortilla de toutes nos guérillas
Programmez dans vos cœurs et dans vos têtes
que nous ne sommes pas si bêtes
pas des bêtes

Nous voulons transformer vos bases militaires
en centres de santé en écoles primaires
changer vos noirs hélicoptères en libellules
et les fusils de la peur en épis de bonheur
pour qu'éclate dans vos cœurs le cri de la Terre

El Salvador! Guatemala
C'est vous qui faites vibrer les cordes de nos voix
El Salvador! Nicaragua
Nous ferons trembler le Nord du volcan de nos voix

Ô que d'en haut pleuve une lumière
qui illuminera vos cerveaux
Que la Terre entière n'ait de propriétaire
que l'amour de Toulmond pour Toulmond

QUEREMOS LA PAZ NOUS VOULONS LA PAIX
QUEREMOS LA PAZ LAISSEZ-NOUS LA PAIX
QUEREMOS LA PAZ NOUS VOULONS LA PAIX
QUEREMOZ LA PAZ NOUS VOULONS LA LIBERTÉ

BOMBE DE PAIX

Depuis que le monde est monde
ne nous reste-t-il plus qu'un rêve
rêver de la paix dans le monde
avant que le monde ne s'achève
Et si le monde est un rêve
pour quelle réalité sommes-nous nés

Depuis que le monde est monde
c'est quoi la vie avant la mort
Pourquoi rêver qu'après la mort
la paix illuminera le monde

Même du temps qu'on la croyait plate
avant Platon avant Platoon avant Socrate
et depuis qu'on la voit bien ronde
depuis la Lune au miel inconnu
la Terre n'a pas encore connu
plus de 100 jours suivis de paix
sans que n'éclate une guerre qui fait
de l'homme la bête la plus immonde

Depuis que le monde est monde
et à toutes les 100 secondes
pendant qu'on se beurre le portrait
en jouissant de sa sainte paix
ailleurs des milliers d'enfants
recroquevillés dans leur destin
se mordent et se mangent une main
en gardant l'autre pour demain
et ailleurs au bout de leurs seins
des mères font du lait de leur sang

LA STATUE

Mais ici maman la nature
a les seins en crème un peu sure
et pour le tiers monde nos ordures
feraient encore de la bonne confiture

Tandis que l'Amérique polit avec fierté
les mamelons de sa statue de la Liberté
le monde est une statue qui craque
et l'amour est le plus grand des cardiaques

Ailleurs des milliers d'enfants
se font putains pour une bouchée de pain
Ailleurs des petits conquérants
gorgés de l'illusion du pouvoir
affamés d'une page d'histoire
se gargarisent de gras rires
se portent volontaires pour le pire
et fusillent 50 000 vagins

Mais ici à peine 200 humains
assistés de 500 000 savants
font du pain dont nous sommes le levain
et leur vin est le fleuve de notre sang

LA SOURIS

Avant même que ne commence le combat
avant même que la mort ne soit à l'heure
1 000 000 de bombes d'Hiroshima
pesant 14 000 mégatonnes de peur
dans les 50 000 têtes nucléaires
des plus hauts et plus bas fonctionnaires
accouchent de cette infamie millénaire
inséminée dans le giron de la Terre

2 000 000 000 $ par jour
pour faire manger la mort à l'amour
et 30 000 000 de militaires
avec leurs gueules en canons sur la Terre

«Si tu veux la paix prépare la guerre»
clamaient les stratèges de Rome
Si tu veux la vie prépare la mort
La loi de la vie est celle du plus fort
trompettent ceux qui soumettent les hommes
Si tu veux la vie prépare la vie
La force d'aimer est une force désarmée
chantent ceux qui croient en l'humanité

Mais ceux qui déclenchent la guerre
ne se battent pourtant qu'avec des mots
ne sachant plus quoi dire et quoi taire
Mais ils donnent leurs noms à tous les maux

Le sort de l'humanité n'est pas plus pesant
que leur index sur le clavier de la peur
Leur arme suprême est une souris d'ordinateur
et chaque pixel leur tient lieu de combattant

LA VIE

Mais que puis-je faire pour la paix
Devant les missiles des puissants
je me sens bien souvent impuissant
car mon arme n'est qu'une chanson de paix

Que peuvent changer les mots
même les plus forts même les plus beaux
quand d'autres disent que la paix
ce n'est que mort qu'on la connaît

La mort commence par l'indifférence
mais l'espoir c'est toute la différence
Et je sens que si toute la Terre
chantait en même temps cette chanson
à l'oreille des gouvernants
nos voix seraient plus fortes que les canons
5 000 000 000 de fois ce mot vivant
ce seul mot deviendrait une bombe de paix

Paix! Paix! Paix! Pour l'amour de nous pour l'amour de la vie
La force d'aimer est une force désarmée
Si je rêve seul ce rêve la paix restera un rêve
Si Toulmond rêve de paix la paix devient vraie
Paix! Paix! Paix! Pour l'amour de nous pour l'amour de la vie

CAR NOUS SOMMES NÉS DE L'ATOME
EN MÊME TEMPS QUE L'IMMORTEL

L'AMOUR ET LA MORT

J'ai rêvé que la mort
déguisée en armée bionique
se ruait sur moi pour me faire
copie identique en plastique
Une armée de clones robotiques
avec des lasers à la place des yeux
en rangs symétriques noirs
et au pas rythmé froid
s'en venait sur moi pour me démoculariser

Sa logique numérique
était ordonnée par des circuits intégrés
dont la fonction était de me désintégrer
en provoquant chez moi la panique
devant son implacable mécanique
Sa tactique consistait à brancher
au logiciel de son psychotron-dictateur
toutes mes pensées pacifiques
pour les changer en tics automatiques
de haine de tout ce qui est vivante chair

Et la mort s'était déguisée en peur

Dans mon rêve je mourais mille fois
et l'amour me ressuscitait autant de fois

Je marchais tout seul contre l'armée de la mort
J'étais totalement désarmé
mais la paix faisait battre mon cœur
Car je marchais vers l'amour
L'amour était ma seule arme et mon seul programme
J'avais la tête vide et pourtant pleine de lumière
d'une lumière pareille au feu nucléaire d'un soleil
dont l'énergie vivante grandissait en moi
Et à mesure qu'avançait l'armée de la mort
à mesure s'avançait l'humanité de l'amour en moi

LA MORT ET L'AMOUR

Et la nuit j'étais la mort
Et le jour j'étais l'amour

Si l'amour est bien rare
c'est parce qu'il vaut plus que l'or
Plus on en a plus on aime ça le donner
Moins on en a plus on aime ça le garder
dans le coffre-fort de son cœur
Mais l'or est bien rare
même dans le cœur du veau d'or
L'or n'a pas de cœur
même pour ceux qui l'aiment à mort
Il est rare que les chercheurs d'or
trouvent le véritable et durable bonheur
L'amour est encore plus rare
pour ceux qui veulent l'acheter au prix de l'or
Aimer c'est se donner de la valeur avec son cœur
c'est se donner la vraie richesse d'exister

Et pourtant le développement de la civilisation occidentale
tient pour une grande part dans le progrès des pouvoirs
permettant de tuer de plus en plus vite
et de mieux en mieux
le plus d'êtres vivants possible

Et un jour j'étais l'amour
Et le lendemain je voyais la mort
vêtue de ses habits d'or

LE RÊVE

J'étais au cinéma de mes pensées les plus noires
celles que les caméras de la peur
avaient tournées dans mes neurones
dans ces moments où mon espoir s'effondrait
et où j'appelais la mort pour l'embrasser
me fondre en elle comme dans l'océan de mon inconscient
Mais après avoir mordu à l'illusion de la mort
ma conscience de la vie avait émergé en moi
à la mesure de l'Univers que j'entendais
chanter en chacune de mes cellules
La mort désormais n'avait de prise sur moi
C'est pourquoi je m'avançais sans crainte au-devant d'elle
pour la fondre en ma lumière d'amour
comme elle m'avait fait couler à pic dans sa nuit de haine
J'étais au cinéma d'une civilisation imaginaire
Je bouffais des obus et des bombes à neutron
comme je bouffais mon maïs soufflé en éclatant de rire
Tout cela n'était qu'une projection
de mon inconscient collectif apeuré
Et un jour la mort marchait en moi
Et le lendemain je marchais vers l'amour
J'ai rêvé un jour que les humains se tenaient par la main
et respiraient l'amour
Hommes femmes et enfants étaient tellement bien unis
qu'ils enlovaient toute la Terre
Notre cercle de lumière brillait le jour comme la nuit
Et tous les vivants étaient transparents de vérité
On rendait grâce d'être en vie
On libérait l'énergie qui vibrait dans nos voix
On chantait la vie à l'unisson nos voix étaient en couleurs
On dansait la vie en harmonie la vie était un fruit vermeil
que l'on cueillait en s'aimant au pluriel
Et l'on rêve toujours que toute la Terre
rêve les yeux ouverts un rêve d'amour réel
Car plus on aime et plus on est rajeunis
On devient l'élixir de la vie

LE CRI

Et je me suis mis à rêver le scénario à l'envers
Je marchais vers l'armée noire mais je n'étais plus seul
J'étais branché sur toi mon soleil d'amour
Mon unique programme était de t'aimer
corps et âme de plus en plus et de mieux en mieux
Pendant que d'autres s'agressaient et se blessaient
se fusillaient sans gêne et dans les fesses
on se laissait flamber dans le feu fou de nos caresses
Contre les grands de ce monde
il ne nous restait que l'unique richesse
de pouvoir nous fondre en lingots de tendresse
Il ne nous restait contre les grands de ce monde
que l'unique sagesse
de mêler nos ondes dans une même ivresse
Et nous faisions de nos corps un foyer plus fort
que la bombe à neutron qui sans bruit
réduit en béton tout ce qui vit
Notre silence amoureux était une symphonie
Notre cri d'amour faisait éclater l'espace de jouissance
À lui seul cet amour pouvait désarmer
la Terre et déprogrammer la mort
Et plus l'armée noire s'avançait
plus la lumière de l'amour l'aveuglait
N'étant pas programmée pour se faire l'amour
l'armée de la mort s'est attaquée et s'est fait sauter
dès que le genre humain eut décidé
de brancher son cœur sur le bonheur
Quand le Soleil m'a réveillé tu me couvrais de tes baisers

Alors toutes les bases militaires furent changées
en parcs d'amusement à la grande joie des enfants
Un nuage blanc de colombes fit frémir le ciel de beauté
et toutes les bombes de la peur
furent transformées en feux d'artifice
Car le drapeau blanc de la paix
dans le cœur de Toulmond flottait

LE TÉLÉJOURNAL

Et les manchettes ce soir, mesdames et messieurs
sont remplacées par une belle petite musique yé-yé
pour vous empêcher de penser au budget militaire de Reagan
dont la bouche est pleine de jujubes rouges
et qui est actuellement en train de mâcher
des pays sous-développés en marmonnant In God We Trust
Et c'est la une
qui fait monter le prix de la mort
et baisser la valeur de l'homme
Car le ver a mangé le cœur de la pomme

Voyons maintenant sur notre écran géant combien
la course aux armements qui brûle 70 % de nos argents
accorde aux États-Unis et à la Russie
70 % des médailles d'or aux Olympiades de la mort
La deuxième manchette ce soir
c'est que l'indice Dow-Jones est en réparation
et que nous ne pourrons vous parler du prix de l'or
qui brille aux dents des présidents
tandis que la misère humaine a les dents cariées
avec des cris qui poussent dedans
Selon notre reporter du tiers monde
cet indice ferait monter le prix de la mort
et baisser la valeur de l'homme
Une autre fois le ver a mangé le cœur de la pomme
tout comme Trudeau le référendum
Troisième manchette
Les journalistes qui ont pigé un enfant dans l'amour
devront accoucher dans la salle des nouvelles
car la maternité n'est pas payée et il n'est pas permis
de prendre congé pour mettre au monde son bébé
Et c'est la une
qui fait baisser le prix de la vie et le prix de la femme
Le ver a mangé le cœur de l'amour
La femme n'a même plus le droit de mettre au monde
le pays du Kébèk à Radio-Canada

LA PAROLE

Tout ce que tu entends
n'est pas moins important
que tout ce que tu n'as jamais entendu
En toute chose je t'écoute me parler
Tout ce qui se dit se parle dans mes oreilles

Et pour ne plus tomber en poussière
ou crever de misère à se défaire
dans les guerres qui meurtrissent la Terre
il faut tomber dans un grand trou de lumière

Il y en a qui voudraient dire dans notre bouche
ce qu'ils voudraient entendre dans leurs oreilles
Moi je voudrais dire à chacun ce qu'il est
tout ce qu'il voudrait se dire à lui-même
pour savoir comment faire pour sortir
du trou noir qui est dans la tête
pour démonter le moteur de la cervelle
pour savoir comment c'est en dedans
du moteur de la vie

Ils ont mis des murs de cire et de coton
dans mes oreilles des blocs d'amiante et de plomb
pour que je n'entende pas le murmure du vent
ni les pensées des hommes qui marchent dans la rue

J'aimerais pouvoir parler toutes les langues
connaître à fond le langage du
chauffeur du chômeur du chasseur du pêcheur
de la chimiste de la dentiste de la pompiste
du coiffeur du soudeur de l'athlète du poète
du portier du plombier du pompier du laitier
de la banquière de la bouchère de la bottière
du draveur du jongleur du facteur du vendeur

L'ACTION

Parfois c'est plus facile de se la fermer
Certains disent que tout a été dit
Certains pensent que parler c'est rien faire
Moi je vous dis que la parole est mon acte

Entre le dire et le faire
on a du chemin à faire pour savoir
que l'on parle parfois juste pour entendre
le son de sa voix

Je voudrais pouvoir parler dans toutes les langues
celles du ciel et celles des enfers
pour que la Babel des nations
tombe par terre et qu'on branche tous nos voix
sur le même ton d'un même langage

Parfois dans une tempête de mots
on ne dit absolument rien
Et parfois dans le plus grand silence
on dit relativement tout
quand on rejoint le langage de Toulmond
par la voix de la vie dans le cœur

J'aimerais pouvoir toucher le cœur de Toulmond
avec les mots ordinaires avec les mots populaires du
neurologue du géologue du débardeur du balayeur
de la bijoutière de la boulangère de la jardinière
de l'épicière de la policière de la journaliste
de l'urbaniste du machiniste de l'embaumeur du sociologue
de la psychologue de la comédienne de la musicienne
du sculpteur de la graphiste du peintre de la correctrice

L'ACCORD

Je n'ai pas de mots militaires pour aller faire la guerre
Je n'ai pas de mots de fonctionnaires pour tuer l'imaginaire
Je suis le secrétaire de tous les prolétaires
qui sont encore les visionnaires d'une ère meilleure à venir

Je dis des mots qui ne valent pas trop cher
des mots de locataires qui gagnent un petit salaire
mais qui n'ont pas de propriétaires pour les faire taire

J'ai un vocabulaire rempli de mystère
des mots qui désaltèrent et pour des millénaires
Je suis un actionnaire de la Terre entière
et je suis solidaire de tous les solitaires

Quand on sera tous d'accord pour s'embrasser
en plein milieu de la rue n'importe quand
et se parler au creux de l'oreille
en apprenant la note de l'autre en harmonie
alors toutes les voix de la Terre chanteront le même hymne
à l'amour et se répondront dans l'écho de la joie

Il ne faut plus braquer de fusils à la place de nos yeux
ne plus avoir la bouche comme un canon
mais faire l'amour nus sur les champs de bataille
tomber de tendresse dans un champ de pommes
ne plus arroser les fleurs des jardins
avec le sang des victimes innocentes

Et sur un seul accord on finira bien un jour et sans effort
par chanter la même chanson faite de la voix du
médecin du mannequin du disquaire du notaire
de la cuisinière de la ménagère de l'infirmière
de l'anthropologue de l'archéologue de la cardiologue
du criminologue de l'électricien du mécanicien
de la radiologiste de la téléphoniste de la biophysicienne
du chiropraticien du mathématicien de l'électrothérapeute

LE TEMPS

Le temps s'en va tout le temps
quand c'est le temps de rester là
avec sa femme et ses enfants
à la maison bien tranquillement

Le temps va bien trop vite
c'est déjà le temps de repartir
vers la grande ville faire de l'argent
pour la famille et revenir

Mais moi j'aime travailler
pour l'agrément pas pour l'argent
Mais trop souvent il faut de l'argent
pour se donner de l'agrément

Donne-moi un peu de ton temps
on se dira tout sans se parler
Un seul regard nous suffit
pour nous dire que l'on s'aime
et pour tout le temps

LE TROTTOIR

Parfois je n'ai pas le temps
d'être présent à mes amours
Il faut que j'écrive la poésie
qui me tient en vie pour vous le dire

Parfois sur le trottoir
j'entends les voix du désespoir
Pendant que juste à côté
d'autres rient la beauté d'être en vie

Parfois je lâcherais bien tout
pour sacrer le camp sur le dos du vent
vers un pays plein de lumière
dans l'autre vie loin de la misère

Le temps de mon voisin ce n'est pas le même que le mien
mais c'est toujours le temps d'être ensemble mien ou tien
dans le divin

Le temps de se le dire et nous voilà en dehors du temps
dans l'infini tout en dedans
où brille l'esprit de la vraie vie

Les temps sont mûrs pour vivre ensemble une autre vie
plus intérieure où le bonheur
ne coûte rien et vient du cœur

Un jour aujourd'hui même on prend le temps de ne faire
qu'un
et dans chacun des Kébékois chante la joie d'un pays libre

Le temps va faire son chemin
On a tout le temps pour aller plus loin
et jusqu'au fond de ton cœur
mon amour mon pays mon Kébèk

L'AVOIR

Le vaste vaisseau planétaire qu'est l'entreprise humaine est actuellement figé dans la fiction de la matière solide et hypnotisé par la réalité virtuelle du plein emploi et de la rentabilité. Les technologues de l'éducation, en croyant accélérer le processus de la productivité sociale, ont décidé de couper la tête et les pieds d'une génération dont le futur est de plus en plus menacé par les fluctuations du marché mondial.

«Un esprit sain dans un corps sain» devient ici un adage pédagogique dénué de sens. En sabrant dans les cours de philosophie, on coupe la tête de la société de demain, car on réduit le temps qui lui est nécessaire pour accéder à la substance de sa pensée. D'autre part, en réduisant les cours d'écucation physique, on lui coupe les pieds, l'empêchant ainsi de danser et de célébrer le sens qu'elle a trouvé à la vie.

La question qui se pose ici contient la réponse.
La chose la plus importante que j'ai apprise en philosophie et que la vie quotidienne m'a confirmée, c'est qu'il faut apprendre d'abord à apprendre. Or, l'apprentissage a son véritable point de départ dans ce que l'on connaît déjà, mais trop en surface. C'est pourquoi il faut apprendre à désapprendre, à devenir comme une page blanche dont on scrute le silence, avant de finalement réussir à poser la bonne question.

Si la première réponse est de donner un sens à sa vie, la première question est de le trouver et cela suppose qu'un système de valeurs présidera à nos actions. Or, la valeur qui prend trop souvent la première place dans notre système social est celle de l'avoir. Mais que reste-t-il après que l'on a donné un sens à son avoir?

L'ÊTRE

L'avoir n'est pas le problème. La solution consiste à savoir
pourquoi ce que l'on a est là. Et peut-être, pour qui.
Comme la question ultime n'est pas facile à poser, il faut
de plus en plus apprendre à structurer sa pensée
pour trouver un fondement rationnel à la question:
C'EST QUOI LA VIE AVANT LA MORT?

Lorsqu'il s'agit de connaître le sens de la vie, la raison
d'être de sa propre existence, il arrive souvent que la
raison, aide précieuse pour mesurer les choses, devienne
la principale entrave. Il faut donc également apprendre à
ne pas penser, à établir un silence mental d'où émerge la
source véritable de toute pensée qui pose la question:
C'EST QUOI LA VIE APRÈS LA MORT?

Mais peut-être la bonne question est-elle:
C'EST QUOI LA VIE AVANT LA VIE?

Chose certaine, quelle que soit la question que l'on pose
pour comprendre l'essence de notre existence et de notre
mort, elle sera toujours la bonne si elle accélère le
processus d'évolution vers notre mieux-être et notre
plus-être. Elle sera toujours la bonne si elle correspond
à un oui à notre propre vie et à toutes les formes de
vie sur Terre. Il est curieux de constater, lorsque l'on
réfléchit au sens qu'il faut donner à sa vie et à tout ce
qui vit dans l'Univers, combien le contact avec l'infini
nous aide à mieux accepter notre finitude.

Il est curieux de constater aussi que les esprits les
plus avancés signalent, parmi les besoins majeurs des
années 90, le retour à la substance et aux valeurs
humaines fondamentales. Parce que le monde de l'avoir
n'a pas de sens en soi, il pose toujours la mauvaise
question. Cela suffit pour qu'il fasse appel à la
philosophie pour savoir pourquoi et comment être.

La porte verte

Un seul vers suffit

LA POUPÉE

C'est en fendant le cœur de la forêt que l'on entrait en
Abitibi. Les premiers colons dormaient sur un tapis fait de
branches de sapin. Le premier géographe de tout pays est
habituellement le bûcheron défrichant le pays sous sa botte
boueuse. L'ancêtre du bûcheron, comme chacun le sait, avait
pour prénom: Hache. Le prospecteur, le skiddeur, le draveur,
le charretier et le mineur, ces maîtres de l'école
buissonnière, en savent quelque chose.

Je ne parle ici que le langage de mes souvenirs. Ma mère me
raconta cette petite histoire des pionniers de l'Abitibi:
« Ton père et moi, tes frères et sœurs Rita, Fernand,
Laurette, Raymond et Rodolphe, sommes arrivés à Val-d'Or
par la route plus ou moins praticable d'Amos. C'était une
route tellement boueuse qu'une fois partis, les chevaux
et les charrettes ne devaient plus s'arrêter. Car il ne
fallait jamais cesser d'avancer sur cette route remplie
de trous d'eau et de grosses roches. En plus, à certains
endroits, il nous semblait voyager sur des sables mouvants.
À un moment donné, l'une de tes petites sœurs a laissé
tomber sa petite poupée dans la boue. Ton père demande
alors au charretier de faire une courte pause pour aller
chercher la poupée de ta sœur. Mais le charretier, qui
connaissait le parcours, répondit: «Je regrette, monsieur,
mais ici, quand on n'avance pas, on recule! Si nous nous
arrêtons, nous devrons habiter le lieu jusqu'à ce qu'un
tracteur de la colonisation passe, et il n'en passe qu'un
par semaine.»
Ton père vérifia la profondeur de la boue, et comme il en
avait jusqu'au-dessus des genoux, il comprit qu'on ne
pouvait bâtir maison sur une mare de boue. Il prit ta
petite sœur contre son cœur et lui fit croire que la
musique qu'elle y entendait était celle du petit cœur
de sa poupée. Mais avant que ta petite sœur eut accepté
de croire à ce subterfuge, elle avait déjà pleuré deux
rivières de peine.»

LE POISSON ROUGE

Mon père était un pionnier. Comme il avait entendu dire
que l'Abitibi était pavée d'or, il s'y était rué. Il se
voyait déjà construire notre maison sur des blocs en or.
Mais, à Val-d'Or, tout ce qui tenait sur de l'épinette,
c'était sept ou huit maisons en bois rond.

Armand, mon père, était tailleur de métier et musicien de
profession. Par les soirs, il faisait giguer, valser et
fox-trotter toute la région. Mais je ne me souviens pas du
son de son violon, ni de celui de son banjo, ni de celui
de sa clarinette, ni de celui de sa batterie, ni de celui
de son trombone, ni de celui de son piano, ni même du son
de sa voix. Il me jouait des airs sur le saxophone ou sur
le violon, pour m'endormir. Il ne m'a laissé aucun autre
héritage que la soif de la musique. Quand il est mort,
rongé par le cancer, j'avais cinq ans.
Dans mon berceau, emmailloté, je l'entendais enseigner
en claquant des mains et des pieds le tambour à mon frère
aîné. Dehors les pas des soldats, en cadence avec leurs
dents, claquaient si fort que le ciment des trottoirs
volait en éclats.
C'est dans le violon de mon père que la Gaspésie, l'Acadie
et l'Abitibi ont rigodoné toutes leurs misères et insufflé
une âme à ce pays. Épinettes, rivières et bouleaux en
résonnent encore les échos.
Tout ce dont je me souviens, c'est qu'il possédait l'art de
déjouer la douleur. Un jour, je m'étais coupé la main gauche
sur le couvercle tranchant d'une boîte à café. J'avais une
peur bleue du sang. Alors mon père m'enveloppa la main dans
une grande serviette blanche et me conduisit à l'hôpital.
Mais comme ma blessure était profonde et nécessitait des
points de suture, le sang se mit à traverser la serviette.
Constatant ma panique devant le rouge de ce sang, mon père
me donna un bonbon en forme de poisson rouge et me dit:
« Mon petit Raôul, choisis entre la douleur du rouge de la
serviette et le bonheur du rouge de ce poisson, un bonbon!»

TROIS POMMES

J'étais haut comme trois pommes
quand j'ai commencé de chanter
Et je chantais la pomme à toutes les pommes du pommier
Les concours d'amateurs étaient mon petit jeu préféré
J'ai chanté pour les sœurs et en latin pour les curés
Quand j'étais au classique j'étais bien sûr inimitable
Je montais sur les tables
en faisant de belles petites mimiques
Caché derrière les coulisses je tapais sur mes cuisses
Je chantais comme Elvis
des chansons qui vissent et dévissent

Moi je viens de l'Abitibi
Moi je viens de la Bittt à Tibi
Moi je viens d'un pays qui est un arbre fort
Moi je viens d'un pays qui pousse dans le Nord

Dans ce pays qui était comme un neuf
le 13 février 1939
je suis né à Val-d'Or en Abitibi
dans ce pays qui est encore tout neuf
J'avais connu Ernest Turcotte
qui vivait entre de beaux bois ronds
qui parlait aux arbres et aux taons
qui chaque matin chaussait ses bottes
pour aller comme Ti-Jos Hébert
fendre la forêt avec ses nerfs
qui n'avait pas de chain-saw
qui avait hache et boxa
et des bras durs comme la roche
et des cuisses comme des troncs d'arbre
et du front tout le tour de la tête
mais qui n'était pas si bête
En 1910 en Abitibi
dans mon pays colonisé

FRÉDÉRIC

Quand j'étais petit, il paraît que j'étais le plus sage des
11 enfants et que je riais tout le temps. C'est ma mère
qui me l'a dit. Cette année, j'ai enterré ma mère le jour de
ma fête. Ma mère était une citoyenne ordinaire. Et pourtant,
son œuvre la plus grandiose aura été de mettre au monde et
d'élever avec dignité 11 enfants. J'ai hérité de ma mère,
Lauza, son immense courage et son infinie patience dans le
labeur de devenir enfant, adolescent et homme.

Quand j'étais petit, comme la maison était surpeuplée, mon
terrain de jeu préféré, c'était la forêt d'épinettes et de
bouleaux. Lorsque j'allais y jouer à Tarzan ou à Robin des
Bois, je prenais en même temps des leçons de sifflet. La
première mélodie que j'ai apprise chantait, bien sûr:
«Cache ton cul, Frédéric, Frédéric, Frédéric»

Moi je viens de l'Abitibi
Moi je viens de la Bittt à Tibi
Moi je viens d'un pays qui est de lacs bien rares
Moi je viens d'un pays où le poisson mord

Quand j'étais petit j'allais jouer aux bois
avec les épinettes et les bouleaux
j'aimais gazouiller avec les oiseaux
quand j'étais petit je suivais le ruisseau
Je jouais de l'harricana sur la rivière Harmonica
Je regardais passer les gros chars
sur ma petite cenne qui venait en or
Dans un banc de neige je creusais maison
et dans la glace j'écrivais ton nom
Et l'hiver à l'aréna on patinait tous en tas
L'été près du lac Blouin on faisait semblant de rien
on ramassait des bleuets qu'on vendait pour presque rien
En 1900 quelque en Abitibi
dans mon pays colonisé

LE DDL

En Abitibi, c'est dans les mines que beaucoup d'hommes
perdent leur souffle et que les maladies des bronches sont
fréquentes. Les mineurs ont toujours été bien payés pour
mourir lentement.

Moi je viens de l'Abitibi
Moi je viens de la Bittt à Tibi
Moi je viens d'un pays qui a un ventre en or
Moi je viens d'un pays où il neige encore

Dans mon pays qu'on dit hors de la carte
mon oncle Edmond travaillait sous la terre
mais il creusait dans l'or sa propre mort
Mon oncle Edmond nous a mis sur la carte
Dans mon pays qui a grandi
il paraît qu'aux tout premiers temps
on y gagnait beaucoup d'argent
Il y a de l'or qui dort ici
Il y a même des poignées de porte en or
en cuivre en fer qui vont de l'autre bord
J'aimais jouer dans la fanfare
pour épater tous les pétards
Quand j'allais au Château Inn
boire et rire avec mes piastres
je revenais comptant les astres
au petit matin près de la mine
en 1900 tout en Abitibi dans mon pays colonisé à libérer

En Suisse on tyrole, en Afrique on yoodle, en Acadie on
noune et au Kébèk, quand on veut gazouiller au pluriel, on
«rill» à bouche, on turlute et on «ddl» à s'en ruiner
les babines. Le «ddl», c'est le son des arbres, qui se
change en voix comme une joie contagieuse. Quand on «ddl»,
c'est comme si tous les couplets et refrains de cette
chanson sans parole proclamaient les noms et les prénoms
de tous les habitants du Kébèk.

NORD

Ô
Nord
D'Abitibi
En rêves d'or
Scié 1 000 nuits
Écouté le disque d'or
Dévoré du filet d'orignal
Pêché le Soleil pour le doré
Ouï le brûlot lui piquer son cri
Vu l'homme prendre la forêt au collet
Vu des abeilles de métal saper l'épinette
Entendu driller des chenilles à dents d'acier
Vu le plancher de neige danser un 100 000 soleils
J'ai vu au plafond de la mine s'allumer la Voie lactée
Vu le plancher de neige danser un 100 000 soleils
Entendu driller des chenilles à dents d'acier
Vu des abeilles de métal saper l'épinette
Vu l'homme prendre la forêt au collet
Ouï le brûlot lui piquer son cri
Pêché le Soleil pour le doré
Dévoré du filet d'orignal
Écouté le disque d'or
Scié 1 000 nuits
En rêves d'or
D'Abitibi
Nord
Ô

LA PRISON

Ma prison c'était la pauvreté
12 à table à manger gruau et baloné
On vivait en sardines
dans une cave de la ville
comme des rats dans les ruines
J'ai mendié pour la famille
la soupe et le bois de chauffage
quand le chèque des mères nécessiteuses
était gelé par une bureaucratie douteuse
comme la neige dans le nuage
Ma prison c'était l'école du canton
où j'ai reçu le bâton en guise de leçon
C'était le confessionnal
d'un vieil orphelinat
changé en tribunal
parce que je m'étais fait «ça»
Je m'étais fait la romance
dans ma petite cellule
où je faisais pénitence
pour ce feu qui encore me brûle

Au parloir du collège ce baiser que j'ai donné
à ma première fée c'était un sacrilège
On m'accusait d'aimer une fille à la peau rose
On m'a même renvoyé en me disant
«Chaque torchon trouve sa guenille»
Ça je ne l'ai pas pris je ne l'ai jamais pris
C'était comme si on m'avait mis les boules dans le formol
ou bien trempé le cœur dans le vitriol

Chacun est en prison quand son cœur est fermé
ou qu'il n'a pas aimé à en perdre la raison

C'est toute la société qui a perdu la clé
du royaume d'aimer où fleurit la liberté

De la porte grise
à la porte de lumière

Il n'y a que le silence intérieur

LA VILLE

Allô la ville
massive métropole mercantile.
J'ai la tête en autoroute avec péage à chaque seconde.
Trop de no parking. Pas capable d'arrêter. Ça pousse.
Ma vie s'éparpille. Je me gaspille au fil des avenues.
Charger la batterie du moteur dans la cervelle civile.
Calmer le rythme syncopé d'un cœur cardiaque.
L'espace monte d'un étage à l'autre. Les numéros.
Mouvements coupés. Peu de temps. Ça presse.
En appartement roulant. Criards de vannes. Jam.
Pouce par pouce. Avance Harcule. Oxygène. Turbo.
Arrêter. Boire un café. Fumer une cigarette.
Essayer de joindre les deux bouts de son être.
Embrasser Toulmond. Retourner à la campagne.
Enlacer l'amour et parler aux plantes et courir
dans les champs moissonner la lumière
avec un rire de ruisseau et toute la vie
à se la couler douce
et à prendre le temps
de se le dire.

LA MÉTROPOLE

Allô la ville servile et utile qui brille. Clins d'œil. Stop.
Escomptes. Trou de lumières rouges. Fenêtres fermées.
Maisons tassées. Rues. En ville je suis en exil sur une île.
Sur une île de béton à la dérive de ma vie. Stress. Vitesse.
Entre 2 maisons 1 sourire. Entre 100 portes 1 000 visages.
Poignées de main. Amis trop rares. Trottoirs à sens unique.
Amours fragiles. Émiettement de l'âme. Vies morcelées.
Accélération et vanité. Écartelé entre 12 rendez-vous.
Donner à boire au premier venu. L'écouter. Agenda. Métro.
Avoir du fun à la taverne. Rire en masse. Attentes. Bobo.
Silence au cœur des bruits. Baladeurs. File indienne.
Syncopes. Publicité paraplégique. Violence. Stroboscope.
Changer de gang sans s'excuser. Foultitude. Autobus. Taxi.
Lire le journal. S'ennuyer. Tic-tac. Contraventions. Merde.
Manger des spectacles. Être ensemble. En paix. Dodo.
Échanger des mots contre du pain et du lait. Gagner sa vie.
S'asseoir sur les bancs publics. Jaser avec les écureux.
Voir la métropole s'étouffer. Mourir à petits feux. Partir.

DU VERT AU GRIS

Val-d'Or, 1960. Gare. En voiture vers l'aventure: Montréal.
Les molécules me flottent de plaisir, des frissons bleus me
traversent des oreilles aux orteils. Premier choc naturel:
traverser 8 heures de vert à une vitesse d'écriture
d'environ 8 vers à l'heure tout en mesurant la distance
qui sépare la nature de la culture.

C'est long. C'est long longtemps. Mais c'est beau. C'est
beau, mais c'est vert longtemps. Cette forêt de sapins et
d'épinettes et ces centaines de lacs, avant d'arriver
enfin dans la forêt grise de Montréal, le bouttt du bouttt.

Premier choc culturel: l'érection de la place Ville-Marie
ou le passage de l'espace horizontal avec vue sur l'infini
de l'Abitibi, à l'espace vertical et clos de la métropole.
Moi, qui viens d'un pays plat, je sens tout de suite que
la ville va élever mon nom, en lettres de néon clignotant,
à la hauteur de ses buildings de béton. Alors, un certain
sentiment de puissance m'envahit, en prenant possession
de la Sainte-Catherine dont je lèche toutes les vitrines.

Deuxième choc naturel: c'est haut et c'est vite. Mais
l'air y chante un peu faux. Concert de klaxons. Dioxyde
de carbone. Visages pâles. Fouilleurs de poubelles. Feux
clignotants. Parcomètres. Foule. Foultitude ou solitude
de la foule courant perdre sa vie à la gagner. Perdre de
l'espace, c'est gagner de la vitesse. Or, l'évolution de
la civilisation se faxe en ville, à la vitesse folle
d'un avenir qui se passe entre 4 ou 40 murs.

«Le défaut des villes est de ne pas être à la campagne»
a écrit un grand auteur. À bien y penser, le défaut de
la civilisation est de ne pouvoir marier la nature et
la culture. Bientôt, des autobus nolisés pollueront les
campagnes en y laissant débarquer des citadins ébarlouis
de pouvoir enfin brouter l'herbe avec leur vache à lait.

DE BAS EN HAUT

À bien y repenser, j'aime bien le vert, mur à mur. De la forêt d'épinettes à la forêt de buildings, il y a une nette perte de vert. De l'espace ouvert sur le vert de l'Abitibi à l'espace clos sur le gris de Montréal, il y a une sale perte d'espace. C'est la première chose que j'ai constatée hier, en louant une chambre avec deux copains d'université, sur l'ancienne rue Maplewood, depuis rebaptisée Édouard-Montpetit. Moins un individu a de l'espace, plus il a de bruit. Il m'a fallu un certain temps avant de pouvoir enfin m'endormir avec les bruits de portes qui s'ouvraient et se fermaient et s'ouvraient et se fermaient. Pas facile de rêver à travers les opéras latins des amoureux libérés qui perçaient les murs de carton de mon building.

Ce qu'il y a de curieux dans la ville, c'est que plus elle évolue, plus elle monte et plus elle monte, plus elle tombe bas dans les relations humaines. Il n'y a rien de plus frustrant que d'entendre un couple d'amoureux dont la musique de chambre envahit totalement l'espace de notre solitude, nécessaire à de sérieuses études. Surtout quand on est inscrit à la faculté de philosophie.
Vivre à Montréal alors, c'était ou bien déranger ou bien être dérangé. Première leçon de philosophie. Ça promet.

Comme je n'habite pas dans un penthouse, c'est au pied de la croix du mont Royal que je découvre, et ma petitesse devant l'immensité de Montréal, et les immenses espoirs qu'elle me permet d'y planter.

Deuxième choc culturel: de loin et de haut, c'est grand et ça brille. Mais trouverai-je ma place parmi 2 000 000 de personnes? Je descends dans les rues de la ville, à la rencontre de mon destin.

DU GRIS AU VERT

«Rencontre» est le mot clé de mes années 60 à Montréal. Je rencontre d'abord une certaine indifférence et aussi une certaine suffisance. Mais comme je fonce dedans à coups de farces et en posant parfois des questions brillantes à mes professeurs, la glace est vite cassée. Pour augmenter mes chances de me faire remarquer, je joue de la trompette dans les couloirs de l'université.
C'est à pied et en autobus que j'ai apprivoisé Montréal en allant rencontrer la poésie, le cinéma, la peinture, la sculpture, la danse et la musique en personnes. À cette époque, ma vie sociale était généreuse et diversifiée. De plus en plus, je montais en amour avec les nuits en ville.

1967. Troisième choc culturel: Montréal, l'internationale. L'Expo 67, à Terre des Hommes, est à la fois mon tremplin vers le multiculturalisme, et un bain dans la polyvalence culturelle. J'orgasme devant tant de variété culturelle. Et c'est ici qu'éclate ma folie créatrice. Je donne des happenings, où je crache, en sautant, des encres colorées sur d'immenses toiles. Je transcris mes poèmes sur des portes coulissantes. Je dis, je crie, je chante ma folle poésie. J'aime Montréal. Et Montréal aime ma folie.

Troisième choc naturel: le retour au vert. Après Terre des Hommes, trop c'est trop. Je me trouve une petite maison à la campagne où je connais mon premier choc surnaturel: le silence. C'est dans le silence que mûrit l'avenir. J'habite la campagne depuis les événements d'octobre 1970. J'ai toujours considéré que j'étais milliardaire parce que, quand je regarde par n'importe quelle fenêtre de ma maison, l'espace s'ouvre sur l'infini. Le Soleil se couche juste sur la ligne de mon horizon, où Ciel et Terre s'embrassent. On dirait que le monde finit ou commence ici. J'aime ce coin de pays.

Je n'ai de mémoire que du futur.

Le porte-à-porte

À chaque vendredi
je vendais L'Écho abitibien
et parfois d'un seul coup
quand un homme des tavernes
me disait de monter sur sa table
et de lui chanter une tite toune
il m'achetait tous mes journaux
Après avoir chanté dans la cathédrale
j'ai chanté dans les tavernes
pour ceux que la solitude saoule

L'AVEUGLE

Le professeur de soleil regarde les aveugles
À l'université Toulmond il apprend vite
à voiler sa solitude à l'ombre des hommes

La jeunesse a découché
Le soleil est mûr
La foule assiste au plus grand de tous les spectacles

Le concierge a un laisser-passer pour la fête
Le soleil est tombé dans l'œil d'une passante
L'anonyme homme fend la foule pour être tout seul
Le ciel miroite la sueur sur son front sans qu'il le sache

Les mégères placotent la pluie et le beau temps
un œil dans la lune et un œil sur le soleil
Elles ont le temps d'aller magasiner des souvenirs

La secrétaire est une fleur en lunettes de soleil

Un autre jour s'achève dans la ronde des jours
Dans son sommeil un enfant dessine un soleil

Le bonheur est banal
Il vient de Miami
où les palmiers recueillent les vagues du soleil
où les touristes mettent le soleil à l'ombre
et l'ombre dans leurs yeux blancs
pour passer le temps
et apprendre peut-être
à mourir

LA NUIT

Vieillir d'une nuit avant la fin de la journée
Se coucher dans sa misère de 333 livres
Et rendre encore grâce du jour qui se fige

Dans l'éternelle ronde de notre belle province
Elle passe ses nuits blanches à compter les étoiles

Les hommes s'amusent à se raconter des histoires

La Kébékoise made in Kébèk est en vacances
Elle a mis deux soleils noirs à la place de ses yeux
Son homme des tavernes vide encore ses rêves dans un verre
Au dernier venu le poète fait manger ses verts vers

La serveuse au comptoir vend ses lunes de miel
Elle sourit un rouge bonsoir sur toutes ses lèvres

Et lui dans son aveuglement il passe tout droit

Son soleil fond en même temps que son sunday

La jeunesse courbe les vertèbres de sa colonne verbale
Dans la pénombre sont descendues ses amours solaires

LE TAXI

Tous les soleils sont pourtant à Toulmond
et pour un rien s'allument et s'éteignent

Toute l'Amérique a le sang rouge de l'Indien
et l'histoire rougit sur la face du Blanc

Tous les hommes sont des soleils vivants
mais seulement quand la peur ne les remord

Toutes les terres sont à Toulmond
mais elles coûtent si cher

Tous les hommes ont la peau rouge sous le soleil
et peuvent encore changer de peau
muer du serpent à l'oiseau

À mesure qu'apparaissent les pixels du soleil
elle illumine l'écran du quotidien
pour faire parler les plus illustres inconnus
à côté des étoiles de la société
dont les feux d'artifice pour un moment évanescent
font pâlir la Voie lactée

Une fillette prend un taxi qui s'en va au ciel
Au bout d'un ballon elle se balance et monte
pour aller allumer une à une les étoiles
tout en restant dans la lune
à regarder les astres
fleurir ses rêves

Mais le taxi attend jusqu'à l'aurore
que le spectacle commence sur Terre

LE JOUR

Le jour a de la misère à se tenir debout
Toulmond marche dans son ombre et en silence

On vient on vaque on va vers l'invisible regard
Sur la grève des nuits mille amours s'envaguent
On y pêche le soleil comme un saumon doré

Au fond de nos yeux se cassent des miroirs d'eau
Tous les chemins marchent pieds nus dans l'aube
jusqu'au jour où le soleil ne se couchera plus

Toulmond est dans la Lune au berceau de son enfance

Un seul regard suffit pour éclairer la nuit
Un seul regard suffit pour éclairer le jour
Toulmond a le soleil dans la tête et dans le cœur

Chacun s'envoie des cartes postales du soleil
On s'éblouit de beauté à ne pas oublier

Toulmond s'aveugle de se voir au fond de l'eau
Dans le blanc de nos yeux transparaissent les cieux
Toute clarté nous vient du fond de nos nuits blanches

L'œil droit microscope la mémoire
L'œil gauche télescope l'histoire

Le soleil regarde le monde et ferme les yeux

Toulmond meurt les yeux ouverts
Tout le Kébèk semble regarder une porte
Et le pays du dedans s'ouvre enfin à la lumière blanche

Autant en emporte le Kébèk

Kébèk
Je te porte dans mon coeur
et la seule pensée de ta souveraine parole
me porte

AUTANT EN EMPORTE LE KÉBÈK

Dans la gloire de la rose aurore
encore enrobé du rêve d'un royaume libre
nu
je descends l'escalier de la réalité
ouvrir la porte à Rominou la chatte tigrée
Pieds nus dans la rosée de l'aube
je contemple l'ineffable beauté de mon coin de pays
Le blé d'Inde porte la croix de sa floraison
Les champs d'avoine ont avalé la couleur du Soleil
Le mont Pinacle où le Soleil s'est levé
comme un point sur un *i* un mamelon sur un sein
baigne doucement dans une brume bleue
Les lis sauvages sortent lentement de la saison
Jour après jour le jardin fleurit sa corne d'abondance
et les arbres sont des bouquets d'oiseaux enchantés
Partout où se porte mon regard
l'infini étale la paix de son silence

Rentrant à la maison comme d'habitude
Rominou est assise devant son plat
et son regard est un doux commandement
Car la seule chose qui l'intéresse le matin
c'est que je remplisse son plat
Elle veut toujours sortir dehors le ventre plein
sinon elle se sent insécure ou abandonnée

En observant son comportement je pense au pays Kébèk
qui avant d'ouvrir la porte sur la fierté de sa liberté
veut d'abord que son ventre soit bien rempli

Il y a un certain temps déjà le Kébèk
venait manger à même le plein plat de la poésie

Raôul Duguay
12 août 1993

Notes

1. KÉBÈK À LA PORTE, dans sa version originale du 16 janvier 1981, est un oratorio pour 2 voix et 7 instruments que j'ai composé à la demande de Robert Blondin, réalisateur à la radio de Radio-Canada de l'émission «Le Voyage». Cette version originale comprenait les sections: LA PORTE JAUNE, LA PORTE ROUGE, LA PORTE BLANCHE et À LA PORTE DU KÉBÈK. Cependant, ici, la plupart de ces textes ont été remaniés et de nouveaux poèmes ont été ajoutés.

2. REBELLE et BLASPHÈME ont été publiés dans la revue *Parti pris*, en octobre 1967.

3. MONUMENT, BAZOOKA, BOMBARDIERS et KYRIELLE ont été publiés dans la revue *La Barre du Jour*, en juin 1968, sous le titre QUÉBEC 1.

4. Q-BEC BBQ et ZOOM sont les paroles d'une chanson que j'ai composée pour le film *Un succès commercial* de Jean-Pierre Lefebvre, en 1969.

5. KÉBÈK MON BEAU BÉBÉ a été récité par l'auteur, au *Théâtre Gesù*, le 24 janvier 1971, lors de l'événement mémorable: *Poèmes et Chants de la Résistance*.

6. LETTRE D'AMOUR À TOULMOND a paru dans *Le Devoir*, le 14 novembre 1970. Ici, certains segments ont été remplacés.

7. COMPLAINTE, ici refondu et transformé, est un texte que j'ai publié dans la revue *L'Illettré*, en 1971.

8. HYMNE AU KÉBÈK, NOTRE PAYS, LE CRASH A, CHAOS, LA MÉCA-NIQUE et certains extraits de K.-O., LA PAROLE et LE TEMPS ont été publiés dans mon recueil POÈMES ET CHANSONS D'Ô, aux Éditions de l'Hexagone, en 1981.

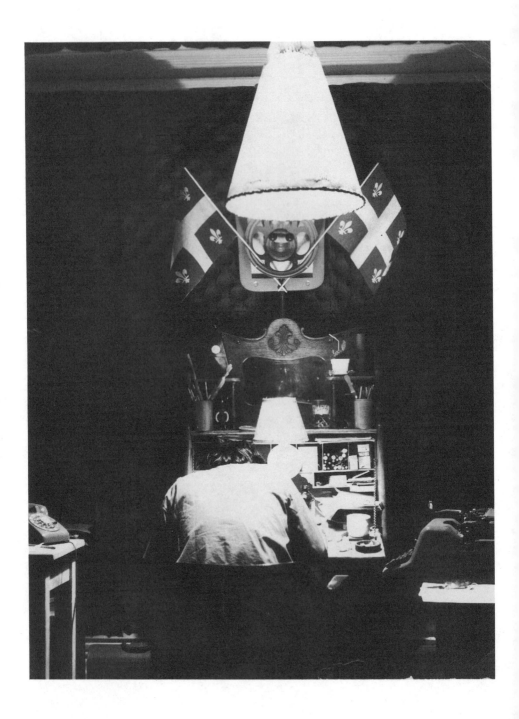

À propos des photos

Les numéros ci-dessous correspondent à ceux des pages.

1. Portrait destiné à la pochette de l'album ALLLÔ TOULMOND (1976).
   (Photo: Jean-Pierre Lefebvre)

12. Récital de poésie à Terre des Hommes (1967).
   (Photo: Michel Saint-Jean)

15. Photo tirée du film fixe *ARC-EN-CIEL*, ONF, début des années 80.
   (Photo: Jean-Pierre Lefebvre)

17. Spectacle au *Théâtre Bobino* en mai 1971, à Paris, où j'ai donné
   22 représentations en vedette américaine de Hugues Aufray.
   (Photo publiée dans le cahier *Perspectives* de *La Presse*, 29 mai 1971)

37. Spectacle à l'*Évêché*, hôtel *Nelson*, Vieux-Montréal, en mars 1976.
   (Photo: Crépeau)

53. Photo de presse annonçant une tournée au Kébèk en 1981.
   (Photo: M. & P. Chartier)

63. Spectacle à l'*Évêché*, hôtel *Nelson*, Vieux-Montréal, en mars 1976.
   (Photo: Crépeau)

81. Tiré du film MON ŒIL, de Jean-Pierre Lefebvre (1967) où je tenais le
   rôle du poète criminel.
   (Photo: Michel Saint-Jean)

83. Instrument inventé pour un *happening* à la galerie La Partance du
   frère Jérôme, collège Notre-Dame (1966).
   (Photo: Crépeau)

93. Spectacle à l'*Évêché*, hôtel *Nelson*, Vieux-Montréal, en mars 1976.
   (Photo: Crépeau)

99. Semaine de la poésie à l'Université du Québec à Montréal, en 1979.
(Photo: Kèro)

109. Écriture du scénario d'une émission télévisée à Radio-Québec en 1977.
(Photo: Élène Hudon)

119. Image du film *Ô OU L'INVISIBLE ENFANT* que j'ai réalisé à l'ONF en 1973.
(Photo: ONF)

139. *LES 7 PAROLES DU KÉBEK*, tournée en France (1981). De gauche à droite: Michèle Lalonde, Yves-Gabriel Brunet, Gaston Miron, Michel Garneau, Gilbert Langevin, Paul Chamberland et Raôul Duguay.
(Photo: Louis Pépini)

151. Un poème contre la guerre au Viêt-nam lors d'un récital solo à la Bibliothèque nationale du Québec (1968).
(Photo: Office du film du Québec)

183. Première leçon de saxophone avec mon père, à Val-d'Or en Abitibi (1942).

193. OPÉRATION DÉCLIC à la Bibliothèque nationale du Québec (1968). J'avais inventé le Triophone.
(Photo: Donald Turcotte)

201. J'avais 6 ou 7 ans quand j'ai fait ma première petite randonnée sur un poney rieur.

207. Photo annonçant la pièce de théâtre *TÔUSEUL AK TOUL MÔNDE* (piesss en 33 ZAK ak 99 personnnnnnnnn) au *Théâtre d'Aujourd'hui* (1973).

210. À Saint-Armand en train de composer une chanson (1974).

212. Le spectacle LE CHANTEUR DE POMME au *Théâtre Saint-Denis* (1985).

212. Cette photo est tirée du film MON AMIE PIERRETTE de Jean-Pierre Lefebvre, une production de l'ONF où je tenais le rôle-titre. On remarquera le badge du mouvement Ti Pop (1968).

213. Luôar Yaugud trônant sur le silence à Saint-Armand (1978). (Photo: Élène Hudon)

213. Deux étapes de la coupe de ma barbe avant le disque *M* (1979). (Photo: Jean-Pierre Lefebvre)

214. À Paris (1978). (Photo: Élie Ferszt)

214. Me voici en train de tourner pour l'ONF: *Ô OU L'INVISIBLE ENFANT,* que j'ai réalisé en 1973.

215. Lancement de LAPÔKALIPSÔ au *Théâtre Gesù* (1970), avec 33 secrétaires et l'Infonie.

215. J'ai toujours aimé les chats. Période universitaire où j'écrivais dans Parti pris (1965). (Photo: Office du film du Québec)

216. En pleine écriture de LAPÔKALIPSÔ en 1969. (Photo: Kèro)

Table

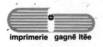

imprimerie   gagné ltée

IMPRIMÉ AU CANADA